梁光耀 著

圖解

思考方法

（增訂版）

非凡出版

圖解思考方法
Contents 目 錄

自序

　　本書是《圖解思考方法》的增訂本。《圖解思考方法》過去再版時亦曾修改內容，當時主要是改正錯字，而今次則着重修改用詞，力求意思更清晰，文字更順暢。是次修訂亦採用了新版式來處理例子和圖解，內容方面也有增減，並添加了一個附錄，簡評對「思考方法」常見的誤解。

　　本書所講的「思考方法學」由香港哲學家李天命先生所確立，主要包含五個環節，分別是「語理分析」、「邏輯方法」、「科學方法」、「謬誤剖析」及「創意思考」。相對於「創意思考」，前四個環節可稱為「批判思考」。個人認為，李先生對「思考方法」的最大貢獻就是提出「語理分析」的思考進路，使之成為「思考方法」的基本環節，並發展出實用的「語害批判」架構。李先生的另一個貢獻是對「謬誤」作出整理，在定義、分類及個別謬誤的釐定方面，提出了精闢、富啟發性的見解。

　　越思考，就越發覺思考的重要；越發覺思考的重要，就越發覺「思考方法」對思考十分重要；越發覺「思考方法」的重要，就越覺得需要建立一門獨立的學科來教授「思考方法」。希望在可見的將來，「思考方法學」能確立為一門跟「語文」和「數學」有同等重要性的獨立學科。

梁光耀

2015 年 12 月書於愉景灣

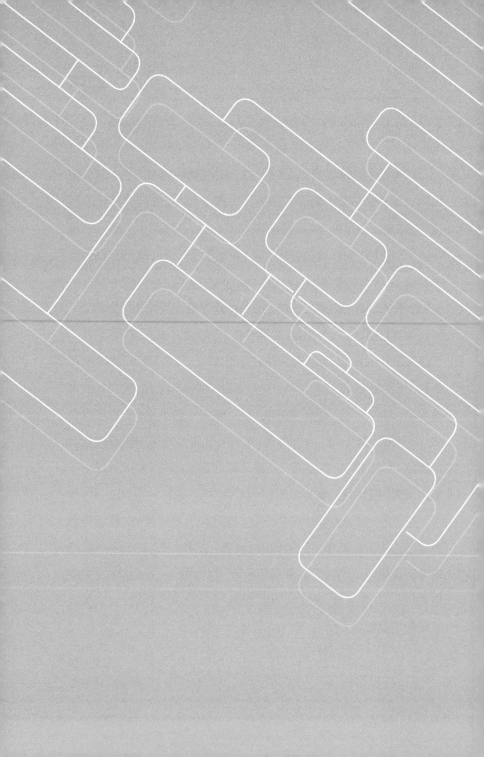

導　論

思考方法
├─ 批判思考
│   ├─ 語理分析
│   ├─ 邏輯方法
│   ├─ 科學方法
│   └─ 謬誤剖析
└─ 創意思考

0.1 甚麼是「思考方法」?

　　未接觸過「思考方法」這門學科的人,可能會懷疑:「思考也需要特別的學習和訓練嗎?我能夠提出疑問,不就反映出我在思考嗎?」沒錯,凡人都有思考的能力,但不是人人都懂得如何思考。**要提升思考能力,必須掌握正確的思考原則。「思考方法」正是一門探討正確思考原則的學問。**

　　要了解「思考方法」是一門怎樣的學問,我們可從分析「思考」和「方法」這兩個概念開始。

　　甚麼是「思考」?一般來說,我們會將計算、分析、推論稱為「思考」,但不會將發夢或胡思亂想叫做「思考」。前後兩者有甚麼分別呢?分別在於思考時是否需要注意程序和方法。以計算為例,我們需要有方法和程序,才能計算出答案,但發夢或胡思亂想並不需要「方法」,亦沒有一定的「程序」要「遵守」。

　　「方法」這個概念有兩個含意:「目的性」和「普遍性」。「目的性」是指我們總是透過某種方法來達致某個目的,例如我們游泳時為了達到「更快、更安全」的目的,便會學習某種泳法,而不會自己胡亂游一通。「普遍性」是指在眾人都能正確運用方法的情況下,該方法的有效性不會因人而異。假設我和別人同樣正確使用了某

種方法，但我能夠達到某些預期效果，別人卻不能，那麼這套方法就不具「普遍性」，或「普遍性」不高。

我們可以將「思考」和「方法」這兩個概念結合在一起，了解「思考方法」是一門怎樣的學問，這樣我們便能作出更清晰、嚴謹和合理的「批判思考」，進行「創意思考」時亦能創出新意念。不過，若論「普遍性」，「創意思考」是遠低於「批判思考」的，本章第四節會加以討論。

甚麼是「思考方法」？

思考　發夢

思考 ≠ 發夢

「思考」需注意程序和方法，「發夢」卻沒有方法或程序可循。

學習「思考方法」的目的

達致思考嚴謹	達致思考合理	達致思考清晰	達致思考富創意

0.2 思方學的架構

「思考方法學」，簡稱「思方學」。到目前為止，我認為香港哲學家李天命所建立的思方學架構最為完備，因此本書也採用了李天命的框架，來講解思方學。

廣義的「思考方法」包括「批判思考」和「創意思考」兩部分，而狹義的「思考方法」則僅指「批判思考」，當中包括四種主要方法，分別是「語理分析」、「邏輯方法」、「科學方法」和「謬誤剖析」。

簡單來說，「語理分析」的主要功能是釐清言論或問題的意思；「邏輯方法」則涉及演繹法（deduction）的運用，用來考證推論是否正確；「科學方法」則涉及歸納法（induction），提供了一套論證的程序，以獲取有關「經驗世界」（the empirical world）的知識；「謬誤剖析」則把不正確的思考方式加以歸類和分析。

一般講述「思考方法」或邏輯的書籍都會講解「邏輯方法」、「科學方法」和「謬誤剖析」，但沒有「語理分析」這部分。其實這些書也會提及語言和思考的關係，例如歧義和含混如何妨礙清晰的思考，卻沒有將「語理分析」獨立成章。李天命對思方學的最大貢獻就是把「語理分析」定位為思方學的起點，亦即思考方法中最基本的部分，並發展出實用的「語害批判」架構。

正如李天命所言，「語理分析」其實是「分析哲學」[1] 所用的「思想利器」，他不過是將「語理分析」重新定為「思考方法」的起點[2]。能夠將「語理分析」這種思想利器由學院的象牙塔中拿出來，建構成「思考方法」的基本環節，李天命堪稱第一人。

其實很多無謂的爭論都是由於沒有先弄清楚言辭的意思所致，不少思想的困惑亦是由此產生，加上語意上的「偷、呃、拐、騙」四處橫行，實在需要一門針對語意弊病的學問，這就是以「語理分析」為首位的思方學。

李天命對思方學的另一貢獻是對謬誤作出了整理，提出恰當的定義，並給謬誤一個非常實用的分類架構——「四不架構」。

有些人以為「思考方法」是教授記憶速成法、與人適當溝通等的「實用技巧」，這是他們的誤解，他們應該向心理學尋求滿足的法門。當然，心理學作為一門學科，也要遵守「思考方法」的基本原則，例如內容要清楚，推論要正確，不存在謬誤等等。

順帶一提，「思考方法」主要用於討論場合，以分辨是非對錯，我們不需要在任何場合都嚴守「思考方法」的原則。平時跟朋友閒談說笑，便可以把「思考方法」放開。

---

1 「分析哲學」是當代英美哲學的主流，但它只是一個統稱，分析哲學家往往有不同的主張，他們的共同之處在於使用的方法，主要有兩點：一，很多哲學問題都是誤解語言或誤用語言的結果，釐清有關概念即可消解問題；二，哲學主張必須有嚴謹的論證來支持。

2 「語理分析」的根源就是「分析哲學」前身「邏輯經驗論」的兩個方法學區分，分別是「析合區分」和「意義區分」。見李天命：《語理分析的思考方法》後記（台灣：鵝湖出版社，1993 年第 4 版）。

其實思方學所講的正確思考方式，並不是甚麼特別的東西，我們在日常生活中就一直都有運用。比方說「語理分析」，有考試經驗的朋友都懂得這個道理，就是要先弄清楚問題的意思才作答，否則答錯問題就很不值了。我們往往由於心急回答問題，或自以為了解問題的意思，而經常犯這個錯誤。

又例如你事前根本不需要學習過「思考方法」、知道甚麼是「演繹法」（又稱「演繹推論」），卻同樣可以做出以下正確的推論：

前提

高三 B 班，全是男生
1. 中三 B 班所有學生都是男生。
2. 甲是中三 B 班的學生。

結論

甲是男生。

這就是演繹法

前提 1　前提 2　前提 3　　　前提 n　結論

然而，你對於這個「演繹推論」的性質，卻未必清楚。

「演繹推論」具有「必然性」，前提必然能推論出結論：假如前提全部為「真」(true)，那麼結論也一定為「真」，不可能為「假」(false)。前提的「真」可保證結論的「真」。

可是，「歸納法」（又稱「歸納推論」）就沒有這種「必然性」，只有「概然性」。假如前提全部為「真」，結論很大機會也會為「真」，但不是必然為「真」。

例 子

前提	1. 甲活不過二百歲。 2. 乙活不過二百歲。 3. 丙活不過二百歲。 ⋮
結論	所有人都活不過二百歲。

我們根據過往「沒有人能活過二百歲」的事實，可以推論出一個「普遍定律」——「所有人都活不過二百歲」。在這裏，前提的「真」並不能保證結論為「真」，因為我們可以想像，將來的人或許能夠活過二百歲。換言之，在「歸納推論」中，即使前提為「真」，結論也有可能為「假」。

如果我們能夠認識清楚這些正確思考方式的性質，就可以更加自覺和善用這些「思考方法」，繼而提升思考能力。

雖然我們在日常生活中已不知不覺運用像「演繹法」和「歸納法」等的「思考方法」，但卻有相當多不正確的思考方式同時混雜其中，以致我們不能分辨甚麼是正確的思考方式，甚麼是不正確的思考方式。

「思考方法」除了講述正確的思考方式，還會探討那些不正確的思考方式。我們將這些不正確的思考方式稱為「謬誤」。

例子

前提	1. 如果天下雨，地面會很濕滑。 2. 現在的地面很濕滑。
結論	天下雨。

如果我們以為這個推論具有「必然性」就錯了，因為除了下雨，還有其他因素可以造成地面濕滑，例如爆水管。以上的推論正犯了「肯定後項的謬誤」（fallacy of affirming the consequent）。

0.3 思考方法與批判思考

正如前文所言，狹義的「思考方法」是指「批判思考」，原因是這套思考方法主要是用來批判藝術、哲學、政治、宗教，甚至科學等各方面的言論，檢視這些言論是否清晰、有沒有語害、推論是否正確、有沒有謬誤等。

但是，將「思考方法」稱為「批判思考」只是一種約定俗成，「批判思考」可以有很多不同的定義。我無意在這裏探討這些定義，只想指出本書是從方法學的角度去界定甚麼是「批判思考」。不論其他人怎樣界定「批判思考」，這些不同的說法都要遵守思考的基本方法（例如沒有謬誤），否則也會遭到批判。

從「批判思考」的角度看，「思考方法」主要用來批判言論：**「語理分析」是要指出言論中不清楚的地方；「邏輯方法」則幫助我們檢視言論中的推論是否成立；「科學方法」則用來考察言論中所宣稱的知識是否可靠；而「謬誤剖析」則把言論中隱含的謬誤辨認出來。**

不過，我們現實中批判某些言論時，很多時並不採用以上四個標準，而是另有標準。

例如某位前立法會議員曾公開表示「十個女人十隻『雞』（妓

女）」。我們最多的批評是他歧視女性、侮辱女性，而鮮有人會批評他的言論「不清楚」、推論不成立、與事實不符等等。「不應歧視」和「不應傷害他人」本是價值判斷，在這裏就成為了批判的標準。

很多人以為價值觀都是主觀或相對的。的確，有某些價值觀含有主觀的成分，甚至只是個人的喜惡，但我們用「自由」、「平等」、「幸福」等價值觀來批判不合理的社會現象時，這些價值觀便有其「普遍性」。我們必須批判不合理的現象，社會才會進步。

社會之所以出現爭論，很多時並非因為我們有相對的價值觀，而是由於我們共同認可的價值觀之間存在衝突，例如「自由」和「平等」就常常出現衝突，因為要成全某方面的「自由」，就可能要放棄某方面的「平等」。

政府推行「直資學校」計劃便是一個好例子，此舉無疑增加了家長為子女選校的「自由」，但亦無可避免地阻礙了社會階級的流動，加深了社會的「不平等」。直資學校收費高昂，只有富家子弟才有機會入讀。他們透過良好的教育，將來晉升高尚階層的機會也越大。

爭取個人基本權利有時亦會損害到大部分人的利益，例如九十年代社會討論港人在內地所生子女應否享有居港權時，贊成的人認為這是每個人的基本權利，反對的人則認為太多內地人同一時間來港定居，會降低香港人的整體生活質素。這是另一個價值觀之間的衝突。

有時同一個價值觀本身也有內部衝突，例如「知情權」和「私隱權」就經常有矛盾，但它們其實都是「自由」的體現。

根據上述分析，我們可以這樣了解甚麼是「批判思考」：**「思考方法」作為「批判思考」的基礎，是必要的，但如果要批判不合理的制度和社會現象，則未算充分，必須訴諸合理的價值觀。**

我們亦需要區分「思考方法」和「有助思考的方法」，後者包括態度、性格和做事方式等等，例如我們會說擅長批判的人都具有懷疑精神和求真的態度，但這些都不是「思考方法」。

「批判思考」的方法和標準

批判思考 目的：批判不合理的制度和社會現象	
方法	**標準**
語理分析 批判言論中不清楚之處	
邏輯方法 檢視言論中的推論是否成立	**合理的價值觀** 自由、平等、不受傷害……
科學方法 考察言論中的知識是否可靠	
謬誤剖析 辨認言論中的謬誤	

0.4 創意思考與批判思考

　　思考大致可分為「批判思考」和「創意思考」兩種。「批判思考」旨在批判，「創意思考」則旨在創新和發明。為甚麼我們需要創新發明呢？因為新的理論能解釋一些從前不能解釋的現象，加深我們對這個世界的了解；新的解決問題方法能節省時間，提高效率；新的產品能改善生活的質素，讓我們生活得更便利和舒適。不論是理論的創新、解決問題的新方法，還是新產品的發明，都源於觀念的創新，來自創意的思考。

　　但我很懷疑「創意思考」是否真的有方法可循。例如著名的創意思考學者戴寶祿（Edward de Bono）就教我們必須打破平時的習慣，比方說讀一些從來不看的書，便會刺激我們思考，帶來新的觀念，提升我們的創意。可是我認為它作為方法的「普遍性」不高，甚至只對小部分人有效，對大部分人並無用處。道理很簡單，「創新」根本就沒有方法可循，可以按照一定程序得出來的東西，就不會叫做「創新」。若論「普遍性」，「創意思考」所講的方法遠遠不及「批判思考」，只能作為指引和參考。事實上，坊間一些教授「創意思考」的書籍的最大問題，不是當中所教的方法沒有「普遍性」，而是方法太繁瑣和混亂，根本沒有甚麼實用價值。

　　我想進一步說明「批判思考」與「創意思考」之間的關係，並釐

清一些常見的誤解。我認為「批判思考」比「創意思考」更基本，所謂「基本」是指由「創意思考」得出來的創新和發明，最終還是要經得起廣義的批判，才算成功或可行。例如愛因斯坦（Albert Einstein）最初提出相對論時，大家都認同它只是「創新」的科學理論，要經過由日後的實驗驗證後，才確定為「可行」。

創新要經得起批判或驗證，是毋庸置疑的。有時批判亦能刺激創新的出現，例如批判不合理的制度，便能讓我們發展出更完善的新制度。反過來說，創意能提升批判思考的深度和質素，雖然我們強調批判思考有法可循，但能否思考出新的觀點來進行批判，往往繫於批判者本身創意能力的高低。

以上的分析反映**「批判思考」和「創意思考」是相輔相成的**，但坊間有些教授「思考方法」的書籍卻把兩者看成是相互排斥。例如某種論說便將「創意思考」和「批判思考」分別類比為「水平思考」和「垂直思考」，以形象化的垂直線來說明批判不但不能產生創意，甚至會妨礙創意的出現。如果有人因為「批判思考」的目的不在於創新發明，便批評「批判思考」不能產生創意，豈不是跟批評「洗衣機」無用，因為它不可以用來煮飯一樣荒謬嗎？

另一種流行的分類是將思考分成所謂「左腦思考」和「右腦思考」，分別相當於我們所講的「批判思考」和「創意思考」：左腦負責推理和分析的邏輯思考，而右腦則主管想像與創意思考。此理論可以引申出更多相關理論，例如很多天才的右腦比較發達，由於右腦控制左邊身體，所以很多天才都是左撇子云云。

目前我們對人腦的認識還在起步階段，上述講法說穿了只是拿着一些初步知識來大做文章，缺乏充分的經驗證據。「天才都是左撇子」這種講法亦十分片面，因為它忽略了同樣有很多天才是右撇子的事實，亦不能解釋為甚麼有更多左撇子不是天才。

即使有證據顯示左撇子比較有創意，也不能因此斷定「左右腦思考」的講法成立，因為可能有其他因素導致「左撇子比較有創意」，例如由於社會規範，我們從小就被訓練使用右手，但仍有小數人喜歡用左手，他們可能就是一些敢於打破常規的人，而敢於打破常規的人又往往比較有想像力。

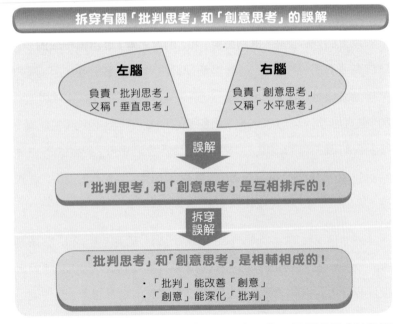

拆穿有關「批判思考」和「創意思考」的誤解

左腦
負責「批判思考」
又稱「垂直思考」

右腦
負責「創意思考」
又稱「水平思考」

誤解

「批判思考」和「創意思考」是互相排斥的！

拆穿
誤解

「批判思考」和「創意思考」是相輔相成的！
・「批判」能改善「創意」
・「創意」能深化「批判」

本書以下章節將分別論述「批判思考」的四個部分及「創意思考」的原理。

第一章

語理分析

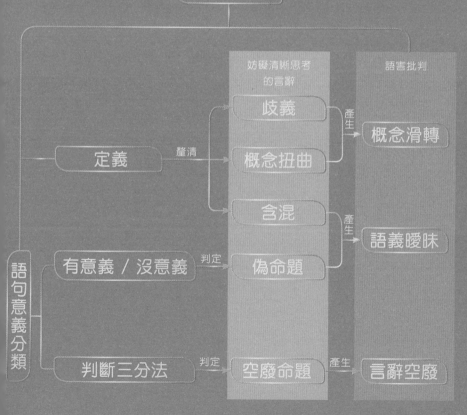

語理分析

妨礙清晰思考
的言辭

語害批判

定義 ── 釐清 ──

歧義 ── 產生 ──

概念扭曲

概念滑轉

語句意義分類

有意義 / 沒意義 ── 判定 ──

含混

偽命題

語義曖昧

判斷三分法 ── 判定 ──

空廢命題 ── 產生 ──

言辭空廢

1.1 正確思考的第一步

　　當我們面對某個言論或問題時，首要的工作是弄清楚這個言論或問題的意思，特別要釐清關鍵的字眼。**正確思考的第一步就是問：「這是甚麼意思？」這就是「語理分析」的要旨。**

　　一般教授邏輯或思考方法的書籍都會包括「邏輯方法」、「科學方法」和「謬誤剖析」這三個範圍，但對「語理分析」並未予以重視。李天命的思方學的最大特色就是將「語理分析」的重要性展示出來，並在「思考方法」上給予先行的位置。所謂「先行」是指「語理分析」比其他三種思考方法更為基本，當我們面對某問題或言論的時候，第一步的工作就是「語理分析」。道理很簡單，如果我們連一個問題的意思都未弄清楚，又怎能運用「邏輯方法」和「科學方法」作進一步的處理呢？例如當我們面對「病毒是否有生命？」這個問題時，首先就需要釐清「生命」這個關鍵字眼的意思，才能運用「科學方法」去判定事實為何。

　　「語理分析」雖然看似平淡無奇，其重要性往往被人忽略，但是如果我們培養出「語理分析」的警覺性，便可以避免很多無謂的爭論。例如很多人都以為孟子主張的「性本善」跟荀子主張的「性本惡」是對立的，其實他們所講的「性」或「本性」的意思並不相同，換言之「本性」這個詞是有歧義的。孟子講的「本性」大抵是指

人類有向善和辨別是非善惡的能力，這是人類的一種特質，是其他生物所沒有的。但荀子的「本性」則泛指人類與生俱來的「整體性質」，包括人的動物性、慾望，他認為如果人不節制慾望，就會出現爭奪和混亂，於是「惡」就會產生，因此他判斷人的「整體性質」是傾向於「惡」的。既然二人對「本性」有不同理解，而分別言「善」及言「惡」，其理論自然就不是真正的對立。

　　以上例子反映「語理分析」正是思考過程中最重要的一步。要提高「語理分析」的能力，實踐是最佳的方法，但在實際鍛煉「語理分析」能力之前，我們還得好好掌握「語言」這種思考的工具，對「語言」的性質有起碼的認識。接下來我會介紹一些概念工具，對提升我們的思考能力有很大的幫助。

正確思考的步驟

語理分析	這是甚麼意思？ 先釐清問題或論點的意思。
邏輯方法 科學方法	有甚麼理據？ 追查論點背後的理由或根據，即論據。
謬誤剖析	有沒有謬誤？ 檢查是否有謬誤，大部分謬誤都是錯誤的論證。

1.2 歧義

在我們的語言中，有某些言辭並沒有確定的意思，會妨礙我們作出清晰的思考和討論。**歧義（ambiguity）就是指一個言辭在某個脈絡裏容許多於一個的解釋，因而造成思考上的混亂。**

例子

> 我在街上碰到一位不相熟的朋友，
>
> 朋友問我去哪裏，
>
> 由於匆忙的關係，我只回答「上課去」便道別走了。

「上課」一詞在這情況下便存在歧義：老師去授課會說是「上課」，學生去聽課也同樣會說是「上課」，究竟我是去授課還是去聽課呢？意思並不清楚。

也許大家覺得這些歧義只會造成日常生活中的小誤會，但事實是很多政治和宗教紛爭都由歧義而來，「上帝」、「自由」和「真理」等便是例子，這些詞語在不同人心裏、不同脈絡中，都有不同的意思。

句子的語法結構有時也會導致多於一個解釋的出現，這便是

「語法歧義」（amphiboly）。

例子

> ### 父在母先亡。

這句子有「語法歧義」，因為至少有兩個解釋：一，「父親比母親早逝」；二，「父親還健在，母親已去世」。

歧義容易令我們混淆字詞的不同意思，讓我們的思考產生混亂，例如戰國時期諸子百家之一的「名家」代表人物公孫龍，便曾提出「白馬非馬」論，這就混淆了「非」這個字可指「不等於」及「不屬於」的兩個意思。我們稱這種情況為「概念混淆」。

假如我們論證時混淆了字詞的不同意思，就會做出錯誤的推論。由詞語的歧義產生的錯誤推論，稱為「歧義謬誤」（equivocation）。

例子

前提	1. 孔子是好人。 2. 好人越來越少。
結論	孔子越來越少。

上述的推論混淆了「好人」這個詞語的意思：前提一的「好人」是指「全世界其中一名好人」，前提二的「好人」是指「所有好人的總數」。

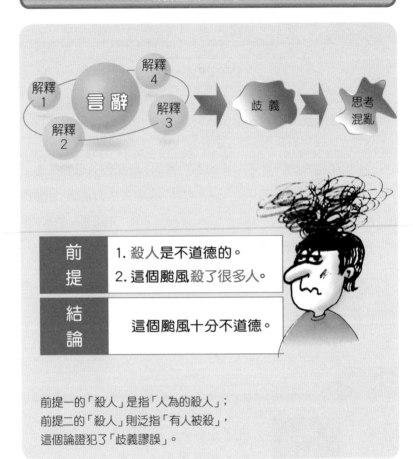

前提

1. 殺人是不道德的。
2. 這個颱風殺了很多人。

結論

這個颱風十分不道德。

前提一的「殺人」是指「人為的殺人」；
前提二的「殺人」則泛指「有人被殺」，
這個論證犯了「歧義謬誤」。

1.3 含混

除了歧義，含混（vagueness）亦容易導致思考不清晰。**「含混」是指言辭的使用範圍沒有一個明確的界線，導致意義不明。**例如一個 90 歲的人固然可以稱之為「老人」，70 歲也可以，但 60 歲呢？可能就不太確定。又例如自己的好朋友當然是「朋友」，普通朋友也可以是「朋友」，但剛剛相識的人又算不算是「朋友」呢？

如何才算是「老人」？

「老人」的定義並沒有明確的界線。

含混的言辭多不勝數，如「富有」、「肥胖」、「禿頭」等等。不過含混言辭是否一定會帶來思考混亂？則要視乎語境而定，不能一概而論。例如我感到身體不大舒服，於是說：「我身體有些毛病。」「身體有些毛病」這個言辭的意思本身是含混的，但在此語境中卻沒有產生思考混亂，因為我旨在表達我的感覺。但如果我去看醫生，醫生卻說：「你身體有些毛病。」此時「身體有些毛病」這種含混的說法就有語意曖昧的問題，因為沒有指示清楚有甚麼毛病。

　　有一種謬誤跟言辭含混有關，這就是「非黑即白的謬誤」（black and white thinking）。

例子

> **不是朋友，就是敵人。**

上述推論犯了「非黑即白的謬誤」。
「朋友」和「敵人」這些語辭的意思由於十分含混，因此容易令人做出上述錯誤的推論。

非黑即白的謬誤

黑　　　　　　　　白　　　不一定哦！

前 提	非黑
結 論	白

「非黑即白」只是一個比喻，說明我們不能因為一個極端為「假」，便推論出另一個極端為「真」，而忘記了中間的可能性。

1.4 定義

定義（definition）是一種常用的釐清方法，讓我們針對歧義和含混所造成的思考混亂，釐清有關言辭的意思。

有一種定義叫做「本質定義」，由「必要條件」（necessary condition）和「充分條件」（sufficient condition）組成。

例子

「王老五」的「本質定義」

必要條件	1. 到了適婚年齡 2. 未婚 3. 男性
充分條件	到了適婚年齡的未婚男性

「王老五」一詞有三個「必要條件」，這三個「必要條件」加起來就是「王老五」的「充分條件」。如果你滿足到這三個條件，你就一定是「王老五」。

不過在現實中，很多概念都不能用這種方法來明確定義，例如「藝術」便不存在「必要條件」和「充分條件」，但這並不表示我們不能理解「藝術」的意思，我們可以通過實例如畢加索（Pablo Picasso) 的畫、亨利·摩爾 (Henry Moore) 的雕塑、但丁 (Dante) 的《神曲》和貝多芬 (Ludwig van Beethoven) 的《月光曲》等，去了解甚麼是「藝術」。我們也可以描述「藝術」的一些主要性質，如「表現情感」，讓人了解「藝術」是甚麼。

由此可見，要了解一個概念的意思，未必需要定義，有時用同義詞已經足夠。例如你要教一個 4 歲的小孩學懂「父親」這個概念，而這個小孩已經明白「爸爸」是甚麼意思，你便可以說：「父親即爸爸。」當然，像「藝術」這些字詞還有很多不同意思的，那麼我們便需要描述它在不同脈落中有哪些不同的意義或用法。

定義的主要目的是讓我們了解概念的意思，因此**「定義項」不應比「被定義項」更難理解**，否則就失去了定義的功能。假設有一個人從未見過駱駝，你給「駱駝」下定義時，便要讓他更容易明白。若你說「駱駝」就是「沙漠之舟」，他便不會明白「駱駝」的意思，還可能以為「駱駝」是在沙漠之中行駛的船。

除此之外，我們作定義時還要避免造成「循環定義」(circular definition)。例如將「藝術品」定義為「藝術家創造出來的東西」，及將「藝術家」界定成「會創造藝術品的人」，便會令人十分費解。循環定義之所以不能夠接受，是顯而易見的。

我們也可以按定義的不同目的作分類。常見的定義有三種，分別是「報告性定義」、「釐清性定義」和「規創性定義」。

定義的分類

規創性定義　賦予字詞新的用法，而非報告其已有的用法，例如每有新發明，我們就需要創造新字來指稱它。

釐清性定義　釐清一些意義不明確的字詞，例如政府派發老人金，就要先釐清「老人」的意義。

報告性定義　報告字詞的慣常用法或某個已有的特定用法，例如字典中的定義。

用「定義」來釐清言辭的步驟

1. 報告有關言辭的慣常用法

2. 判定哪一個是合理的解釋

1.5 判斷三分法

　　我們存在於這個世界，每天都要作出不同的判斷，這些判斷大致可分為「概念判斷」、「事實判斷」和「價值判斷」三大類，不過這並不表示所有判斷都可嚴格區分為這三種，有些可能處於其中兩者之間。雖然這三種判斷都具有認知意義，即有「真假」可言，但判定其「真假」的方法並不相同。

　　「概念判斷」是否為「真」，單憑分析其概念的意思就足夠，例如「阿媽是女人」這句話當然是「真」的，並不需要通過檢查阿媽的性別來判定。這句話的「真」並不在於對「經驗世界」作出正確的描述，而是由字詞的意義或用法所決定：「女人」正是「阿媽」這個概念的其中一個「必要條件」。

　　與「概念判斷」相反，**「事實判斷」是對「經驗世界」作出特定描述，因此其「真假」要訴諸經驗的考察**，例如「地球環繞太陽而旋轉」是「真」的，因為科學家憑藉觀察已證實地球的確是環繞太陽而旋轉。

　　「價值判斷」與「概念判斷」不同，不能單憑分析概念的意思，便能判定其「真假」。「價值判斷」亦有異於「事實判斷」，不是訴諸經驗的考察。**我們需要提出理由來證明「價值判斷」的「真假」，**

例如「墮胎是不道德的」這個論點，便是道德價值的判斷，可用「墮胎即殺人，殺人是不道德」的理由來支持。

混淆「事實判斷」和「價值判斷」會帶來思考混亂，例如很多人會將「人有人權」這個「價值判斷」誤以為是「事實判斷」，其實「人有人權」的真正意思是「人應該有人權」，沒有任何經驗證據可以支持或否定這判斷，我們必須提出理由來證明其真假。

混淆「概念判斷」和「事實判斷」亦一樣會為思考帶來混亂，這點會在「語害批判」一節中詳細討論。

「阿媽是女人」與概念判斷

在常規家庭中
阿媽是女人。

「阿媽」這個概念包含「女性」的意思。

在男同性戀家庭中
阿媽是女人？

「阿媽是女人」不再是「概念判斷」。

或許有朝一日，同性戀家庭會越來越多，當他們的人數佔了社會相當的比例時，「阿媽是女人」就不再是「概念判斷」了，因為「阿媽」不再必定含有「女性」的意思。

字詞的意義會隨社會發展而改變，想想現在的「馬路」並不是給馬行走的，為甚麼會叫做「馬路」呢？

與判斷一樣，問題大致也可分為三大類，分別是「概念問題」、「事實問題」和「價值問題」。問題經過這樣分類後，我們就會易於回答，因為我們知道應該用甚麼方法來回答。例如「甚麼是藝術？」便是「概念問題」，我們可通過分析有關的概念來回答；「是否所有繪畫都是抽象的？」則是「事實問題」，我們可通過經驗考察來回答；「達文西的《蒙羅麗莎》是否為偉大的作品？」卻是「價值問題」，我們需要提出理由來回答。只要我們面對不同種類的問題時，自覺地作出相應的判斷，我們的思考能力將大大提升。

對應不同「問題」的方法

問題種類	對應方法	原因
事實問題	事實判斷	人生在世，要認識這個世界，就不得不作「事實判斷」。
價值問題	價值判斷	每個人都必須有自己的價值觀作「價值判斷」，否則就不知道該做甚麼和不該做甚麼。
概念問題	概念判斷	要成功作出「事實判斷」和「價值判斷」，就必須了解、分析有關概念的意思，即要懂得作「概念判斷」。

針對不同問題，做出有針對性的判斷，便可提升思考力。

1.6 語句意義的分類

　　一般來説,「語句」是表達意義的基本單位,「判斷」則是具有「真假」可言的「語句」,但並非所有「語句」都有「真假」可言。例如我們去餐廳吃飯,侍應對我們説「歡迎光臨」,我們便不會質疑這句話是「真」是「假」,因為這句話並沒有「真假」可言,旨在表達禮貌。

　　另外,問句本身亦沒有「真假」可言,但在語言中卻有特定的功能。其他「語句」如命令、請求和抒發情感的説話也是如此,沒有真假的意義可言,但我們都清楚它們所表達的意思或用法。我們可以説上述這些「語句」具有「非認知」的意義。

　　至於那些既沒有認知意義、亦沒有非認知意義的「語句」,很多都是用了術語 (jargon) 或艱深的字眼,來掩飾其毫無意義,並會帶來思考上的混亂。例如藝術言論中經常出現的字眼,便有「後現代」、「解構」和「超越」等等。

　　為一清眉目,我們可以將「語句」按不同意義進行分類 (見後頁)。當然,具「非認知意義」的「語句」不只以下六類,目前的分類方法亦未「窮盡」。

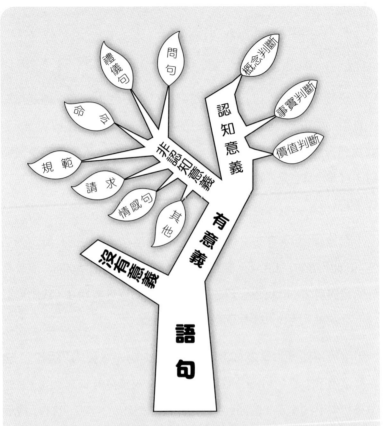

把「語句意義」分門別類，能讓我們使用語句表達意思時，更有自覺性。

參考來源：李天命：《語理分析的思考方法》，109頁。

我們可以舉例說明「窮盡」這概念：假如只將人類分成「男」和「女」，就不算「窮盡」，因為我們不能把「非男非女」的人如中性

人進行分類。換言之,「窮盡」的分類架構意味能將所有「分子」分門別類。

除了「窮盡」這個概念外,我們進行分類時還要注意有否「排斥」,例如上述圖表將語句分成「有意義」和「沒有意義」,就是一個排斥的分類:一個語句若是「有意義」,就不會是「沒有意義」,反之亦然。但是把「有意義」的語句分成「有認知意義」和「有非認知意義」,就沒有互相排斥,因為有些「語句」可以同時具有「認知意義」和「非認知意義」,例如「朱門酒肉臭,路有凍死骨」,既報告了某些事實狀況,也抒發了某類情感。

了解語句的不同意義能幫助我們更清晰地思考,避免產生思考混亂。「偽冒命題」(pseudo-statement)和「空廢命題」(empty statement)便是兩種妨礙清晰思考的常見言辭。

「偽冒命題」是指本身沒有意義或真假值的語句,在特定的語境下卻「冒充」有真假值,例如「這張椅子今天很高興」這兩句話,既不「真」也不「假」,因為它根本就沒有意義,沒有真假可言。很多存在於哲學和宗教言論中的「偽冒命題」並不容易察覺,例如「存在就是虛無」和「上帝超越時空而存在」這兩句話,我們原則上根本不知道在甚麼情況下這些話是真的,或在甚麼情況下是假的,這些便是「偽冒命題」。

「空廢命題」通常都是「分析真句」(見 36 頁),卻在特定的語境下「冒充」為事實判斷。假設有一個天氣預告表示「明天會下雨或不會下雨」,這句便是「空廢命題」,因為「明天會下雨或不會

下雨」雖然是「真」，但根本不包含「信息內容」。天氣預告的責任就是要預報明天的天氣，應該具有「信息內容」。我們會在下一節「語害批判」中再詳細討論「空廢命題」。

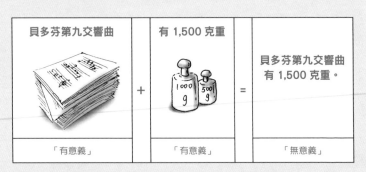

「有意義」的語句組合成一個新的句子時，不一定都是「有意義」的。

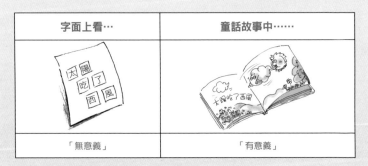

語境亦決定了一句句子是否「有意義」。

很多無意義的說法其實都源於「偽語意投射」。嚴格來說，句子是否有意義，由它所處的脈絡決定。有關「偽語意投射」的分析，請見李天命：《哲道行者》，第 115 頁（香港：明報出版社，2005 年，第七版）。

1.7 語害批判

　　李天命由「語理分析」建構出「語害批判」的架構，本身就是一種創造，亦是對思方學的一大貢獻。[1]「語害」是指語言概念上的弊病，有害確當的思考，可分為「語意曖昧」、「言辭空廢」和「概念滑轉」三大類。這些語害充斥在哲學言論、宗教言論、政治言論和藝術言論中，如能消除它們，將會大大解放人類的思想。

❶ 語意曖昧

　　「語意曖昧」是指**用語的意義不清晰，導致思考混亂**，嚴重者用語會毫無意義、不知所云，我們稱之為「語意錯亂」；輕微者則叫「語意虛浮」。

　　含混的言辭往往會造成「語意虛浮」，例如醫生説「你身體有些毛病」這句話，就有「語意虛浮」的問題。至於「語意錯亂」則多由沒有意義的語句所造成，例如「藝術在現代和後現代的二分法中被完全解構了」，這句話之所以毫無意義，是顯而易見的，但類似的説話卻常出現在藝術評論之中。上一節講的「偽冒命題」亦可歸入「語意錯亂」。

---

1 有關語害批判的詳細解説，可參考李天命：《哲道行者》，109—125 頁。

❷ 言辭空廢

在「判斷三分法」一節中，我們已討論過甚麼是「概念判斷」，就是單憑分析其意義或用法，就可判斷其真假。「概念判斷」又可稱為「分析句」。

「分析真句」必然為真，但沒有信息內容，例如「三角形有三隻角」。用**「分析真句」來冒充「事實判斷」，就會形成「空廢命題」**，屬於「言辭空廢」的語害，「阿媽是女人」這個笑話就是經典的例子。有時我們會將「空廢命題」叫做「廢話」，但要注意並非所有「廢話」都是「空廢命題」。廣義而言，「廢話」是指在特定語境下跟論題不相干或多餘的話，而「空廢命題」正是「最廢」的廢話。

「言辭空廢」分為「絕對空廢」和「相對空廢」兩種，「空廢命題」正是「絕對空廢」，至於其他廢話，則可歸類為「相對空廢」。

「廢話」≠「空廢命題」

吃飯啊？

明知故問，廢話！

此乃廢話，卻不是「空廢命題」，因為這句話只是問句，沒有冒充成「事實判斷」。

3 概念滑轉

「概念滑轉」是指**對言辭作出不同解釋而導致思想混亂如「概念混淆」或「概念扭曲」**。「概念混淆」跟歧義有關，即使說話的人對言辭有不同解釋，但這些解釋都是合乎辭義的；「概念扭曲」則是扭曲了言辭的意思，違反了辭義。例如有人說：「所有人都是自私的，連德蘭修女也不例外，因為她不過是在滿足自己想幫人的慾望。」這句說話便扭曲了「自私」的概念，以支持「所有人都是自私」的立論，「所有人都是自私的」這句話也變成毫無信息內容的「分析真句」，必然為「真」，卻是「廢」的。

概念扭曲

「概念扭曲」也是一種語害。認清各種語害，我們就不會輕易被言辭迷惑，在思考或討論時，不致於陷入混亂。

1.8 「矛盾」與「對立」

　　我們經常使用「矛盾」（contradictory）這個概念來批評別人的言行，但其實大部分人並不充分了解「矛盾」的意思，甚至把它跟「對立」（contrary）混淆。這裏所講的「矛盾」是指嚴格定義下的「邏輯矛盾」，具有「p 並且非 p」這個形式，例如說「我是男人，並且我不是男人」便犯了「自相矛盾」的謬誤。凡是「分析假句」皆有邏輯矛盾，因此我們單憑分析其意義，就可將之判斷為「假」。

　　「矛盾」除了可以指一句說話內有「自相矛盾」，也可以指兩句話的關係是「互相矛盾」。當兩句話不能同時為「真」，又不能同時為「假」，它們就是「互相矛盾」。

　　相信大家都知道「矛盾」這個概念來自成語故事「自相矛盾」，故事中賣武器的人推銷自家的矛時說「我的矛能刺穿任何的盾」，但在推銷自家的盾時卻說「我的盾能抵擋任何的矛」。其實這兩句句子並非真是「矛盾」，只是「對立」而已。**「對立」與「矛盾」的不同之處在於兩句句子不能同時為「真」，卻可同時為「假」。**因此，賣「矛」和「盾」的人所說的兩句話，有可能都是假話。

　　由此可見，我們用「矛盾」去翻譯「contradictory」其實並不恰當。也許是這個原因，中國人往往分不清「矛盾」和「對立」，容易

造成無謂的爭論。當「對立」的立場被人誤以為是「矛盾」，那麼大家便會忽略了兩種立場都是「假」的可能。例如 A 說「學校內所有學生是中國人」，B 卻說「學校沒有學生是中國人」；若 A 說的是「真」，那麼 B 的說話就一定是「假」；但若 A 說的是「假」，那麼 B 的說話卻不一定是「真」，也有可能是「假」。

區別「矛盾」與「對立」

「所有學生是中國人」和「有學生不是中國人」是矛盾關係，因為……

當「所有學生是中國人」是真 「有學生不是中國人」必定是假	當「所有學生是中國人」是假 「有學生不是中國人」必定是真
當「有學生不是中國人」是真 「所有學生是中國人」必定是假	當「有學生不是中國人」是假 「所有學生是中國人」必定是真

若兩個句子不能同時為「真」，又不能同時為「假」，它們就是「互相矛盾」關係。

「所有學生是中國人」和「沒有學生是中國人」是對立關係，因為……

當「所有學生是中國人」是真 「沒有學生是中國人」必定是假	當「所有學生是中國人」是假 「沒有學生是中國人」亦可能是假 （因為可能仍有部分學生是中國人）
當「沒有學生是中國人」是真 「所有學生是中國人」必定是假	當「沒有學生是中國人」是假 「所有學生是中國人」亦可能是假 （因為可能只有部分學生是中國人）

若兩個句子不可能同時為「真」，但可能同時為「假」，它們就是「對立」關係。

1.9 小結

　　要思考清晰，就必須充分理解言辭的意義。碰到意義不明的言辭時，最好要求講者或作者澄清，否則亦可以查字典，但很多時字典的解釋並不能涵蓋言辭的所有用法，此時我們便需要反省有關言辭的各種日常用法，並通過比較，找出最恰當的解釋。「歧義」、「含混」、「概念扭曲」、「空廢命題」、「偽冒命題」和「語害」等概念工具，亦可以幫助我們清除思考的障礙。

　　要注意的是，所謂「清晰思考」是針對當下要處理的問題，並不是一味追求言辭的精確性。例如我們現在討論應否實行「普選」，弄清贊成和反對的人數是重要的，因為這跟論題有關，但不需要有精確的實際人數如「490.4567萬人贊成」，只要有大概的百分比就足夠了，如「七成人贊成普選」。

　　要提高「語理分析」的警覺性，除了要求別人澄清言辭的意思，我們思考時亦要弄清楚所使用的言辭的意義。只要不斷實踐這兩點，我們的思考就會越來越清晰，不過並不需要任何情況下都這樣做。人生有很多場合如跟朋友閒談，就不用句句説話都弄清楚其意義，因為經常問「這是甚麼意思」是十分令人討厭的，面試時更不宜這樣做，切記不要質問面試官「你之前明明不是這個意思」，否則你就必然失敗、只能一直「面試」下去了。

第二章

邏輯方法

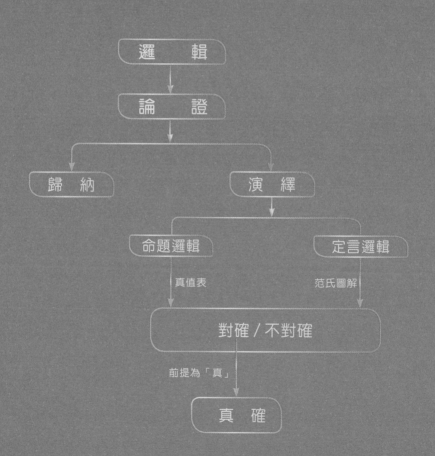

2.1 何謂邏輯?

「邏輯」這個詞語在我們的日常生活中已被廣泛使用,但用法和邏輯學教的「邏輯」卻是兩回事。我們日常生活中說的「違反邏輯」泛指「不合常理」,而邏輯學講的「違反邏輯」則是指「有邏輯矛盾」,即「邏輯上不可能發生」。例如有人說自己「能在 5 秒內跑完 100 公尺」,我們一般會形容他的說話「不合邏輯」、不合常理,但從邏輯學的角度而言,由於「在 5 秒內跑完 100 公尺」並無「邏輯矛盾」,所以在「邏輯上」是可能發生的,只是「經驗上」不可能而已。

正如上一章所講,「邏輯矛盾」具有「p 並且非 p」的形式,例如「小明這次考試合格,並且不合格」這句話就存在「邏輯矛盾」。凡有「邏輯矛盾」的語句必然為「假」,因為邏輯上不可能,即是絕對不可能發生。

「不合邏輯」除了指「有邏輯矛盾」外,還可以用來指稱「錯誤的論證」。簡單來說,邏輯就是一門研究論證的學問。

論證大致可分為「演繹論證」和「歸納論證」兩類,不過「邏輯方法」講的僅是「狹義邏輯」,即「演繹論證」。我會在第三章「科學方法」中詳加討論「歸納論證」。

邏輯這門學問的發展很奇怪,早在古希臘時代已由古希臘哲

學家亞里士多德（Aristotle）確立，稱之為「傳統邏輯」，可是邏輯自此之後再沒有重大的發展，直到 19 世紀才有突飛猛進的發展，產生了「現代邏輯」，又名「符號邏輯」。

「傳統邏輯」又名「三段論邏輯」，分為「定言三段論」、「假言三段論」和「選言三段論」。「現代邏輯」的範圍則廣泛得多，其中包括「命題邏輯」和「量化邏輯」。事實上，「傳統邏輯」所講的東西都可包含在「現代邏輯」之中，但只佔「現代邏輯」很小部分，所以有些哲學家認為，我們毋須再講「傳統邏輯」，直接講「現代邏輯」已足夠。

不過，「定言三段論」作為傳統邏輯的典範，仍是值得一提。此外，我還會講「現代邏輯」中的「命題邏輯」。

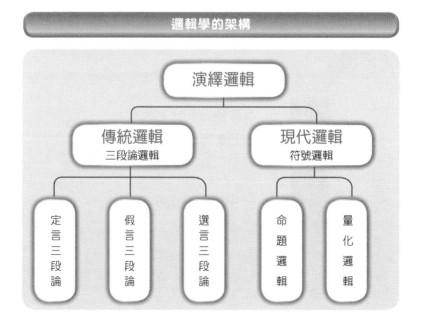

邏輯學的架構

演繹邏輯

傳統邏輯
三段論邏輯

現代邏輯
符號邏輯

定言三段論　假言三段論　選言三段論　命題邏輯　量化邏輯

2.2 對確論證

　　論證（argument）有兩部分，即前提和結論。前提用來支持結論，兩者必須是判斷或命題（proposition），即有真假可言。說論證「不合邏輯」，意思是論證不正確，由前提不能推論出結論；說論證「合乎邏輯」，就是指論證正確，由前提能推論出結論。但所謂「正確」或「不正確」，在「演繹論證」和「歸納論證」中的意思是不同的。在「演繹論證」中，如果前提全部為「真」，並必然得出「真」的結論，那就是「正確」的論證，我們稱之為「對確論證」（valid argument）。

例子

前提	1. 甲的年紀比乙大。 2. 乙的年紀比丙大。

結論	甲的年紀比丙大。

以上的論證是「對確」（valid）的，因為如果前提全部為「真」，結論也必然為「真」，不可能為「假」。前提的「真」保證了結論的「真」，換句話說，前提「蘊含」着結論。

如果前提皆「真」但結論仍有可能為「假」，這個論證就一定不「對確」，我們稱之為「不對確論證」（invalid argument）。

要注意的是，論證「對確」與否不由前提和結論的「真假值」所決定，即使前提和結論是「假」，「論證」本身仍可以是「對確」的。讓我繼續以上述有關「甲、乙、丙的年紀」的例子作説明，假如我們知道甲「實際」是 50 歲，乙是 60 歲，丙是 70 歲，那麼我們只能説「前提」和「結論」皆「假」，但有關論證仍是對確（有效）的，對確論證並沒有要求前提為「真」。

例子

前提	甲是乙的兒子。
結論	乙是甲的父親。

這個論證是「不對確」的，因為乙可以是甲的母親，不一定是父親。
如果前提為「真」，而結論有可能為「假」，這就是「不對確」的論證。

只有一種情況，單憑前提和結論的「真假值」就可判斷論證為「不對確」，就是當前提「真」而結論「假」，論證就必然「不對確」。

一般來説，論證是否「對確」取決於其「論證形式」[1]，或所用字詞的意義。

例子

前提	甲是乙的兄長。
結論	甲是男性。

如果我們了解「兄長」和「男性」的意思，就可以判斷上述論證是「對確」的。

---

1 「論證形式」會留待本章第四節（49頁）詳加討論。

2.3 真確論證

若一個論證「對確」，並且前提亦為「真」，我們便可以稱之為「真確」(sound) 的論證。

例子

前提	1. 所有人有胃。 2. 孔子是人。
結論	孔子有胃。

這個論證是「對確」的，而兩個前提亦是「真」的，因此這是一個「真確論證」。

「真確論證」的結論亦必然為「真」，因為「真確論證」必然是「對確論證」，其前提亦為「真」。當「對確論證」的前提都是「真」的話，那麼其結論也必然為「真」。

| 前提 | 1.如果「前提」皆「真」，則「結論」必然為「真」。 |
| | 2.「前提」皆「真」。 |

| 結論 | 「結論」必然為「真」。 |

例子

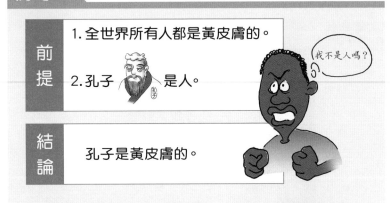

| 前提 | 1.全世界所有人都是黃皮膚的。 |
| | 2.孔子 是人。 |

| 結論 | 孔子是黃皮膚的。 |

以上的論證只是「對確」，並非「真確」，因為第一個前提顯然是「假」的。

　　邏輯只負責證明論證的「對確性」，除非前提是分析句、恆真句或矛盾句，否則不負責研究前提的「真假值」。如果前提涉及「經驗」的探究，那就屬於科學的工作。

　　「演繹論證」雖然有「必然性」，但結論所講的早已包含在前提中，推論只不過是將不明顯的結論顯示出來，並沒有增加我們的知識。

2.4 論證形式

所謂「論證形式」是指將論證的內容抽掉後剩餘的「邏輯結構」。以下是一個「對確論證」：

前提	1. 所有哺乳類是動物。 2. 所有人是哺乳類。
結論	所有人是動物。

此論證之所以「對確」，是由於其論證形式「對確」。我們用 S 代表「人」，M 代表「哺乳類」，P 代表「動物」，便可得出以下的「論證形式」：

前提	1. 所有 M 是 P。 2. 所有 S 是 M。
結論	所有 S 是 P。

任何具有這個「論證形式」的論證，都是「對確」的。

以下的「論證形式」則是「不對確」：

前提	1. 所有 P 是 M。 2. 所有 S 是 M。

結論	所有 S 是 P。

怎樣知道它「不對確」呢？我們可代入具體的內容，去證明此「論證形式」的「對確性」，例如用「貓」代入 P，「動物」代入 M，「狗」代入 S：

前提	1. 所有貓 是動物。 2. 所有狗 是動物。

結論	所有狗 是貓 。

根據定義，「對確論證」的前提為「真」時，結論不可能為「假」，「所有狗都是貓」這個結論明顯是「假」的，因此這個論證「不對確」，換言之，上述的「論證形式」也是「不對確」。

假如我們將「不對確」的論證形式當成是「對確」，並做了錯誤的推論，我們便犯了「形式謬誤」(formal fallacy)。以下的「論證形式」很多人都以為是「對確」，其實都是「不對確」的：

前提	1. 有 M 是 P。
	2. 有 S 是 M。

結論	有 S 是 P。

　　我們可以嘗試再代入一些具體的內容，令論證的前提為「真」，但結論為「假」，那麼就可以證明此「論證形式」是「不對確」。我們可以用「可愛的動物」代入 M，「狗」代入 P，「貓」代入 S：

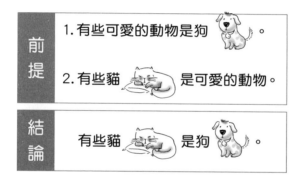

　　當然，用上述方法判斷「論證形式」的「對確性」並不太可靠，因為我們有時會一直找不到適合的代入內容。邏輯學家有一些更加可靠的方法，去判斷「論證形式」的「對確性」。

　　上述的「論證形式」屬於「定言邏輯」的系統，我們可以用范氏圖解法（Venn's Diagram）來判斷其「對確」與否。至於在「命題邏輯」系統中的「論證形式」，我們則可用真值表法（truth table）來判斷其「對確性」。

2.5 定言邏輯

「傳統邏輯」中的「定言三段論」屬於「定言邏輯」的系統，但「定言邏輯」中的論證不一定是「三段論」。

❶ 定言命題

「定言邏輯」系統中的論證是由「定言命題」（categorical proposition）所組成。「定言命題」有四種，分別以 A、E、I、O 四個英文字母為代表，以下的「四角對立表」便能交代出它們之間的關係：

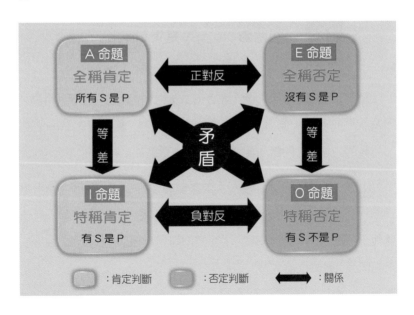

「所有」、「有」和「沒有」是量詞。A和E是「全稱命題」，I和O則是「特稱命題」；A和I是「肯定判斷」，E和O則是「否定判斷」。綜合來說，A是「全稱肯定」，E是「全稱否定」，I是「特稱肯定」，O是「特稱否定」。

　S和P這兩個符號代表的是語辭，S是主語（subject term），P是謂語（predicate term）。假如A命題是「所有人是哺乳類」，那麼「人」便是主語，「哺乳類」是謂語。

　現在我們把「學生」代入S，把「中國人」代入P：

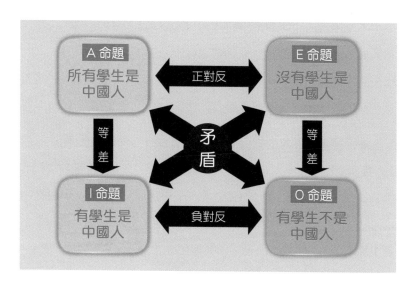

　A命題和O命題的關係是「矛盾」，它們不可能同時為「真」，亦不可能同時為「假」；如果A命題是「真」，則O命題是「假」，反之亦然。例如「所有學生是中國人」是「真」的話，「有學生不是

中國人」就一定是「假」。

E命題和I命題的關係也是如此。例如「沒有學生是中國人」是「真」的話，「有學生是中國人」就一定是「假」。

A命題和E命題的關係是「正對反」（或稱「對立」），它們不可能同時為「真」，但可同時為「假」。例如「所有學生是中國人」和「沒有學生是中國人」就不可能同時為「真」，但可同時為「假」。

I命題和O命題的關係則是「負對反」（subcontrary），它們不可能同時為「假」，卻可同時為「真」。例如「有學生是中國人」和「有學生不是中國人」就不可能同時為「假」，但可同時為「真」。要注意的是，I命題與O命題並非涵蘊關係(implicative relationship)，「有學生是中國人」並不表示「有學生不是中國人」，因為「有」的定義是「至少有一個」，或有可能是「全部」。

A命題和I命題的關係是等差（subalternation）。如果A命題為「真」，則I命題一定為「真」，但反之不一定；如果I命題為「假」，則A命題亦一定為「假」，但反之亦不一定。例如「所有學生是中國人」是「真」的話，「有學生是中國人」便一定是「真」；「有學生是中國人」是「假」的話，則「所有學生是中國人」也一定是「假」。E命題和O命題亦是等差關係。

要注意的是，傳統觀點和現代觀點對A和E這兩種「全稱命題」分別有不同解釋。傳統觀點認為「全稱命題」要假定它們所講的東西是存在的，這叫做「存在假定」，我們所用的「四角對立表」就是採用傳統觀點的解釋。然而現代觀點則認為「全稱命題」不需

要「存在假定」，換言之 A 和 E 這兩種「全稱命題」可以講一些不存在的東西。

② 范氏圖解法[1]

范氏圖解法的特點是採用了現代觀點去解釋「全稱命題」，即沒有「存在假定」。我們亦可以用這種方法來詮釋上述四種定言命題，讓我們先來談談 A 命題：

A：所有 S 是 P

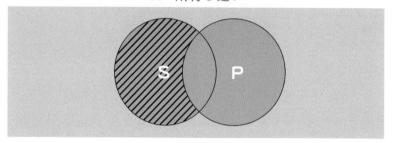

在上述的范氏圖中，斜線的部分表示「不存在」，因此「所有 S 是 P」的意思是：「屬於 S 而不屬於 P 的東西，並不存在。」

E：沒有 S 是 P

---

1 范氏圖並沒有統一的畫法，這裏主要參考 Hurley, Patrick J., *A Concise Introduction to Logic, 9th ed.* (Wadsworth: Belmont, CA, 2006) 一書的畫法。

用范氏圖來代表 E 命題的話，S 和 P 相交之處被斜線刪去，意思就是「屬於 S 而又屬於 P 的東西，並不存在。」。「沒有 S 是 P」跟「沒有 P 是 S」是相等的，它們的范氏圖也是一樣的。

I：有 S 是 P

I 命題「有 S 是 P」的意思是「同時屬於 S 和 P 的東西是存在的」，劃有「×」的地方則表示這個範圍有東西「存在」，那正是 S 和 P 相交之處。「有 S 是 P」等同「有 P 是 S」，因此它們的范氏圖也是一樣的。

O：有 S 不是 P

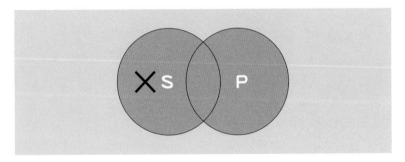

O 命題「有 S 不是 P」的意思是「屬於 S 而不屬於 P 的東西是存在的」，正是「×」所標示的地方。

雖然在范氏圖解法的詮釋下，「全稱命題」A 和 E 並沒有「存在假定」；但「特稱命題」I 和 O 卻有「存在假定」，例如「所有不合格的同學要補考」這句 A 命題並沒有假定不合格的同學已經存在，但「有不合格的同學要補考」這句 I 命題則已經假定了有同學考試不合格。

在范氏圖解法的詮釋下，A、E、I、O 四種命題的邏輯關係就只剩下「矛盾」和「負對反」。如要維持「四角對立表」的其他關係，則 A 和 E 命題所講的東西必須存在。當 A 和 E 命題所講的東西實際存在時，便要在各自的范氏圖中用圈了的「×」號標示出該存在的部分：

A: 所有 S 是 P

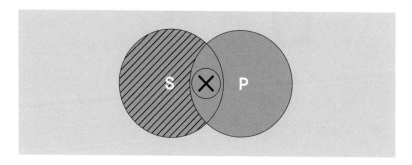

E: 沒有 S 是 P

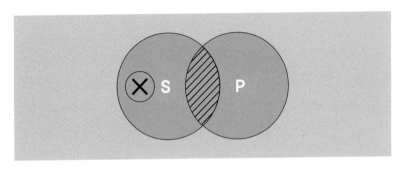

③ 定言三段論

顧名思義，「定言三段論」是由三個「定言命題」所組成，當中包括兩個前提和一個結論，例如：

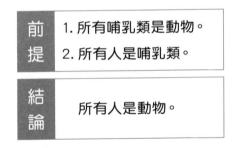

前提	1. 所有哺乳類是動物。 2. 所有人是哺乳類。
結論	所有人是動物。

上述的「動物」是「大詞」、「哺乳類」是「中詞」、「人」是「小詞」。含有「大詞」的前提叫「大前提」，含有「小詞」的則叫「小前提」。每個詞在論證中只出現兩次。

要判斷上述論證是否「對確」，就必須找出其「論證形式」。我們可用 M 代表「哺乳類」，P 代表「動物」，S 代表「人」。

前提	大前提	所有 M 是 P。
	小前提	所有 S 是 M。

結論	所有 S 是 P。

然後畫兩幅范氏圖，一幅代表前提，另一幅代表結論。

前提的圖：

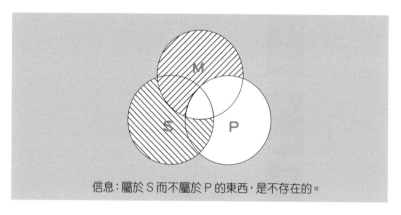

信息：屬於 S 而不屬於 P 的東西，是不存在的。

結論的圖：

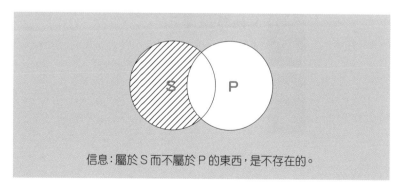

信息：屬於 S 而不屬於 P 的東西，是不存在的。

如果結論的信息都能夠在前提中全部顯示出來，則表示論證「對確」，否則就是「不對確」。根據以上圖解，結論的信息是「屬於 S 而不屬於 P 的東西，是不存在的」。在前提的圖中，由於 P 範圍外的 S 部分已全被斜線刪去，所以這個論證是「對確」的。

其他常見的「對確論證形式」還有：

前提	1. 沒有 M 是 P。 2. 所有 S 是 M。
結論	沒有 S 是 P。

前提	1. 沒有 P 是 M。 2. 所有 S 是 M。
結論	沒有 S 是 P。

前提	1. 所有 M 是 P。 2. 有 M 是 S。
結論	有 S 是 P。

| 前提 | 1. 沒有 P 是 M。 |
| | 2. 有 M 是 S。 |

| 結論 | 有 S 不是 P。 |

范氏圖解亦可用來證明「論證形式」「不對確」，例如：

| 前提 | 大前提 | 所有 P 是 M。 |
| | 小前提 | 所有 S 是 M。 |

| 結論 | 所有 S 是 P。 |

前提的圖：

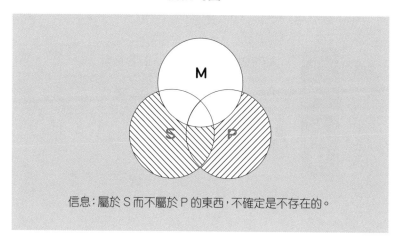

信息：屬於 S 而不屬於 P 的東西，不確定是不存在的。

結論的圖：

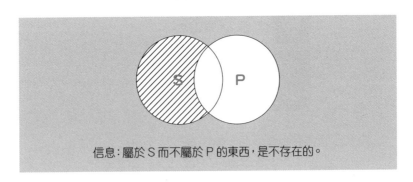

信息：屬於 S 而不屬於 P 的東西，是不存在的。

結論說「屬於 S 而不屬於 P 的東西並不存在」，但這個信息不能在前提中顯示出來，因為仍有 P 之外的 S 未被斜線刪走，換言之，這個「論證形式」是「不對確」的。

例子

用范氏圖解法，證明以下的「論證形式」為「不對確」：

前提	大前提	有 M 是 P。
	小前提	有 S 是 M。

結論	有 S 是 P。

前提的圖：

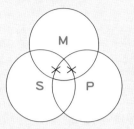

信息：屬於 S 又屬於 P 的東西，不確定是否存在。

結論的圖：

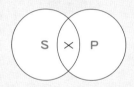

信息：屬於 S 又屬於 P 的東西，是確定存在的。

結論說「有東西存在於 S 和 P 相交的地方」，但在前提的圖中，這個信息不能顯示出來，在 S 和 P 相交的地方並沒有標示「×」的符號，因此這個「論證形式」是「不對確」的。

有時我們需要檢查 A 命題和 E 命題所講的東西是否存在，例如：

前提	1. 沒有騙子是傻子。
	2. 所有騙子是壞人。

結論	有些壞人不是傻子。

讓我們用L代表「騙子」，E代表「傻子」，B代表「壞人」。其「論證形式」如下：

前提	大前提	沒有L是E。
	小前提	所有L是B。

結論	有B不是E。

前提的圖：

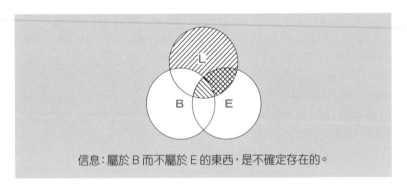

信息：屬於B而不屬於E的東西，是不確定存在的。

結論的圖：

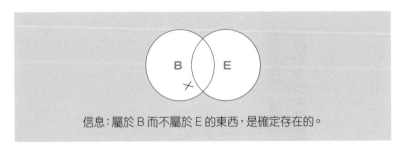

信息：屬於B而不屬於E的東西，是確定存在的。

結論表示:「屬於 B 但不屬於 E 的東西,是存在的。」以上關於前提的圖未能顯示這個信息,不過,由於「壞人」確實存在於這個世界,所以我們必須在前提的圖中加入「存在肯定」的符號,以標示 B 實際存在:

前提的圖:

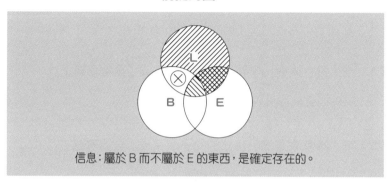

信息:屬於 B 而不屬於 E 的東西,是確定存在的。

結果顯示這個論證是「對確」的。

④「改寫」命題

我們平時做推論時所用的語句,很多都不符合「定言命題」的格式,若要用范氏圖解法來判斷「對確性」,我們就要先將這些語句「改寫」成「定言命題」。以下是一些常見的例子:

(1)把「單稱命題」改寫成「全稱命題」

小明是學生 → 所有跟小明相同的人,都是學生

孔子不是壞人 → 沒有跟孔子相同的人是壞人

(2)把「條件命題」改寫成「全稱命題」

如果這是蛇，則是爬蟲類 → 所有蛇是爬蟲類

如果這是老鼠，則不是爬蟲類 → 沒有老鼠是爬蟲類

（3）把「除非 A，否則 B」格式的句子改寫成「全稱命題」[2]

除非人有道德，否則不會得到尊重（除非 A，否則 B）

→ 如果人沒有道德，則不會得到尊重（如果不是 A，則是 B）

→ 所有沒有道德的人，是不會得到尊重的人 [3]

（4）把「只有 A 是 B」格式的句子改寫成「全稱命題」

只有女人是母親 → 所有母親是女人

（5）把「唯有 A 是 B」格式的句子改寫成「全稱命題」

這動物園唯一可愛的動物是熊貓

→ 所有在這動物園的可愛動物，是熊貓

（6）把「幾個 A 是 B」格式的句子改寫成「有 A 是 B」的格式

這幾個消防員是英雄 → 有消防員是英雄

（7）把「所有 A 是非 B」格式的句子改寫成「沒有 A 是 B」的格式

所有人是非爬蟲類 → 沒有人是爬蟲類

---

2 先把「除非 A，否則 B」格式的句子，改寫成「如果不是 A，則是 B」的格式，再改寫成「全稱命題」。

3 這句話亦可翻譯成：「所有得到尊重的人，都是有道德的人。」

其他例子還有把「有 A 是非 B」改寫成「有 A 不是 B」；把「沒有 A 是非 B」改寫成「所有 A 是 B」；「有 A 不是非 B」改寫成「有 A 是 B」等。

⑤ 本體論論證

西方傳統神學有所謂「上帝存在」的論證，當中有一個是「本體論論證」，以下是其中一個例子：

前提	1. 上帝是完美的。 2. 完美的東西沒有缺憾。 3.「不存在」是一種缺憾。
結論	上帝存在。

我們可以由「上帝是完美的」和「完美的東西沒有缺憾」這兩個前提，得出「上帝沒有缺憾」的中途結論，再加上第三個前提「不存在是一種缺憾」，我們便能推論出「上帝不會不存在」的結論。「上帝不會不存在」即「上帝存在」。

要嚴格證明這個論證的「對確性」，就要使用范氏圖解法。我們先把前提和結論改寫成「定言命題」：

前提	1. 上帝是完美的。 　→ 所有跟上帝相同的東西，是完美的東西。 2. 完美的東西沒有缺憾。 　→ 沒有完美的東西，是有缺憾的東西。 3.「不存在」是一種缺憾。 　→ 所有不存在的東西，是有缺憾的東西。
結論	上帝存在。 → 沒有跟上帝相同的東西，是不存在的東西。

然後找出其「論證形式」：

前提	1. 所有 G 是 P。 2. 沒有 P 是 D。 3. 所有 N 是 D。
結論	沒有 G 是 N。

G ＝跟上帝相同的東西　　　　P ＝完美的東西
D ＝有缺憾的東西　　　　　　N ＝不存在的東西

　　這個論證由兩個「定言三段論」所組成，以下是第一組「定言三段論」：

中途結論表示沒有東西存在於 G 和 D 相交的地方，這個信息在前提中可以找到，所以論證是對確的。

以下是第二組「定言三段論」：

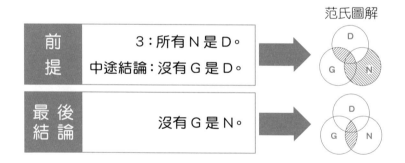

最終的結論表示沒有東西存在於 G 和 N 相交的地方，這個信息在前提中可以找到，因此這個「本體論論證」是「對確」的。但要留意的是「對確」不等同「真確」，事實上這個論證亦「不真確」，因為第三個前提（「不存在」是一種缺憾）並不成立，這句話根本沒有意義。

我們甚至可以從一開始便把這個論證理解為「不對確」，因為第三個前提「不存在是一種缺憾」其實是「偽冒命題」，由於前提必須是「命題」，所以「不存在是一種缺憾」根本沒有資格作為前提。少了一個前提，整個論證自然就「不對確」。

2.6 命題邏輯

① 邏輯連詞

「命題邏輯」又叫做「語句邏輯」。在這個邏輯系統中，我們會使用到兩類符號，來組成命題。第一類是「語句符號」（英文字母A、B、C、D……），用作代表不用語句[1]；第二類是「邏輯連詞」，用來連接語句。如果一個命題僅得「語句符號」（例如「A」），便叫做「簡單命題」；如果一個命題由「語句符號」及「邏輯連詞」組合而成（例如「～A」），則叫做「複合命題」。

常見的「邏輯連詞」有五個，分別是：

1. 「～」

   類似「非」或「不是」的意思。假設「A」代表「天下雨」，那麼「～A」就是「不是天下雨」的意思。「～A」又叫**「否定句」**。

2. 「·」

   類似「並且」的意思。假設「B」和「C」分別代表「我喜歡哲學」和「我喜歡藝術」，「B·C」的意思就是「我喜歡哲學，並且我喜歡藝術」。「B·C」格式的命題叫做**「連言句」**。

---

1 在「定言邏輯」中，這些符號是用來代表語辭。

3. 「∨」

類似「或者」[2] 的意思。假設「D」代表「我會讀哲學」，「E」代表「我會讀藝術」，那麼「D ∨ E」就是「我會讀哲學或者我會讀藝術」。「D ∨ E」格式的命題叫做 **「選言句」**。

4. 「⊃」

類似我們平時講「如果⋯⋯則⋯⋯」的意思。假設「F」代表「天下雨」，「G」代表「地面濕滑」，「F ⊃ G」就是「如果天下雨，則地面濕滑」的意思。「F ⊃ G」格式的命題叫做 **「條件句」**。

5. 「≡」

這個符號的意思是「if and only if」，中文可以譯做「當且僅當」，比較難明白，但我們可以用「條件句」來理解「≡」的意思。假設「H」代表「我領到薪酬」，「I」代表「我請你吃飯」，那麼「H ≡ I」就等同「(H ⊃ I)・(I ⊃ H)」，即表示：「如果我領到薪酬，則會請你吃飯；並且，如果我請你吃飯，則我已領到薪酬。」「H ≡ I」格式的命題叫做 **「雙向條件句」**。

---

2 在日常語言中，「或者」的意思可以具「排斥性」或「不排斥性」。例如「你點的咖啡要糖或奶呢？」這句話中，「或」字具有「不排斥性」，即表示你可以既要糖，又要奶；但在「你明天早上 9 時會在香港島或九龍？」這句話中的「或」字，則具「排斥性」，因為如果你在香港島的話，就不可能同一時間在九龍。在「命題邏輯」中使用「∨」時，則具有「不排斥性」。

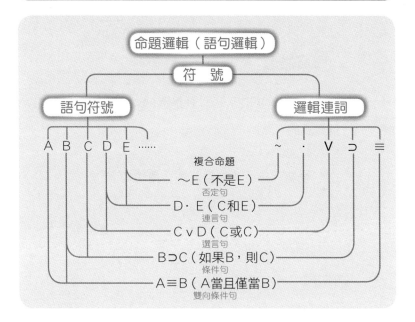

❷ 真值表 [3]

在「命題邏輯」系統中，語句的「值」只能是「真」或「假」，是「真」就不是「假」，反之亦然。我們可以利用「真值表」，去進一步了解「否定句」、「連言句」、「選言句」、「條件句」、「雙向條件句」在不同情況下的「真假值」。

在下列的「真值表」中，「p」和「q」代表任何語句（或命題），「T」表示「真值」（true），「F」則代表「假值」（false）。

---

3 真值表並沒有統一的畫法，這裏主要參考 Hurley, Patrick J., *A Concise Introduction to Logic*, 9th ed. (Wadsworth: Belmont, CA, 2006) 一書的畫法。

含有「～」（非、不是）的「否定句」

命題	p	～p （否定句）
真假值	T	F
	F	T

假如「p」是真的，那麼「～p」就是假的；假如「p」是假的，那麼「～p」就是真的。

含有「‧」（並且）的「連言句」[4]

命題	p	q	p‧q （連言句）
真假值	T	T	T
	T	F	F
	F	T	F
	F	F	F

只有「p」和「q」都是真時，「p‧q」才是真的，在其他情況下「p‧q」都是假的。

含有「∨」（或者）的「選言句」

命題	p	q	p∨q （選言句）
真假值	T	T	T
	T	F	T
	F	T	T
	F	F	F

---

4 當「複合命題」包含兩個「簡單命題」時，「真假值」就有四種不同的組合。

「p」或「q」只要任何一方是真的，「p ∨ q」都是真的，只有當「p」和「q」都是假的時候，「p ∨ q」才是假。

含有「⊃」（如果……則……）的「條件句」

命題	p	q	p ⊃ q （條件句）
真假值	T	T	T
	T	F	F
	F	T	T
	F	F	T

只有在「p」是真而「q」是假的情況下，「p ⊃ q」才是假的，其他情況下「p ⊃ q」都是真的。

含有「≡」（當且僅當）的「雙向條件句」

命題	p	q	p ≡ q （雙向條件句）
真假值	T	T	T
	T	F	F
	F	T	F
	F	F	T

「≡」這個符號有「等值」的意思，只有當「p」和「q」的「真假值」完全相同（一同是真，或一同是假）的時候，「p ≡ q」才是真的。

❸ 命題真值表

「真值表」有很多用途，其中之一就是用來計算「複合命題」的「真假值」。

例子

假設「A」和「B」是真，「C」是假，那麼「(A⊃B)・(B∨C)」的「真假值」是甚麼？

第一步：
把「複合命題」寫下來，填上「A」、「B」、「C」的真假值

命 題	(A ⊃ B)・(B ∨ C)
真假值	T T T F

第二步：
翻查「條件句」的「真值表」，我們得悉「A⊃B」是真的；翻查「選言句」的「真值表」，我們得悉「B∨C」也是真的。

命 題	(A ⊃ B)・(B ∨ C)
真假值	T T T F T　　T

第三步：
翻查「連言句」的「真值表」，我們得悉「A⊃B」和「B∨C」皆真的時候，「(A⊃B)・(B∨C)」的值也是真：

命 題	(A ⊃ B)・(B ∨ C)
真假值	T T T F T　　　T 　　T

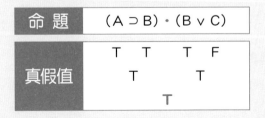

「真值表」也可以顯示命題的特性。如果一個命題在所有情況下都是「真」的，便是「恆真句」(tautology)。

例 子

「((A ∨ B)·～B) ⊃ A」是否「恆真句」？

第一步：
為「((A ∨ B)·～B) ⊃ A」填寫「真值表」。由於此「複合命題」僅由兩個「簡單命題」A 和 B 組成，所以可能出現的「真假值」組合便有四個：

命 題	((A	∨	B)·	～B)	⊃	A
真假值	T	T	T			T
	T	F	F			T
	F	T	T			F
	F	F	F			F

第二步：
根據「否定句」的真值表，得出「～ B」的值：

命 題	((A	∨	B)·	～B)	⊃	A
真假值	T	T	FT			T
	T	F	TF			T
	F	T	FT			F
	F	F	TF			F

第三步：

根據「選言句」的真值表，得出「A ∨ B」的值：

命 題	((A ∨ B)· ～B) ⊃ A
真假值	T **T** T FT T T **T** F TF T F **T** T FT F F **F** F TF F

第四步：

根據「連言句」的真值表，得出「(A ∨ B)·～B」的值：

命 題	((A ∨ B)· ～B) ⊃ A
真假值	T T T **F** FT T T T F **T** TF T F T T **F** FT F F F F **F** TF F

第五步：

根據「條件句」的真值表，計算出「((A ∨ B)·～B) ⊃ A」的值：

命 題	((A ∨ B)· ～B) ⊃ A
真假值	T T T F FT **T** T T T F T TF **T** T F T T F FT **T** F F F F F TF **T** F

根據以上的真值表，「((A ∨ B)·～B) ⊃ A」在任何情況都是「真」的，因此是「恆真句」。

如果一個命題在所有情況下都是「假」的，便是「矛盾句」
（self-contradictory）。

例子

命題	（A ∨ B） ≡ （～A · ～B）
真假值	T　T　T　F　FT　F　FT T　T　F　F　FT　F　TF F　T　T　F　TF　F　FT F　F　F　F　TF　T　TF

「(A ∨ B) ≡ (～A·～B)」在所有情況下都是「假」的，因此是「矛盾
句」。

要注意的是，「恆真句」並不等於第一章所講的「分析真句」，
而「矛盾句」亦不等於「分析假句」。「恆真句」和「矛盾句」都是由
命題的形式所決定，例如「A 或者非 A」便是「恆真句」，而「A 並且
非 A」則是「矛盾句」。至於「分析句」就必須透過分析句子的意義
來判定，例如我們分析「阿媽是女人」這句句子後，發現「阿媽」包
含了「女人」的意思，所以這句話必然為「真」、是「分析真句」，但
不算是「恆真句」。當然「恆真句」也必然為「真」，我們也可以將「恆
真句」和「矛盾句」歸類為「分析句」。

如果一個命題至少在一種情況下為「真」，又至少在一個情況下為「假」，便是「偶真句」(contingent)。

例子

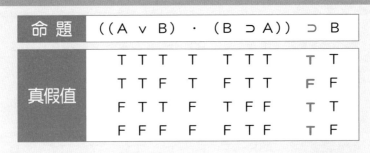

命 題	((A ∨ B) · (B ⊃ A)) ⊃ B
真假值	T T T　T　T T T　T T T T F　T　F T T　F F F T T　F　T F F　T T F F F　F　F T F　T F

「((A ∨ B) · (B ⊃ A)) ⊃ B」有時為「真」，有時為「假」，因此是「偶真句」。

「真值表」又可以用來顯示兩個命題之間的關係。如果在所有情況下，兩個命題的「真假值」都是一樣，這種關係叫做「等值」（equivalent）。

例子

命 題	(A ⊃ B) · (B ⊃ A)	A ≡ B
真假值	T T T T T T T T F F F F T T F T T F T F F F T F T F T F	T T T T F F F F T F T F

「(A ⊃ B) · (B ⊃ A)」和「A ≡ B」的「真假值」，在所有情況下都是一樣，因此兩者是「等值」的關係。

如果在所有情況下，兩個命題的真假值都是相反的，它們的關係就叫做「互相矛盾」（contradictory）。

例 子

命 題	A　⊃　B			A　·～　B		
真假值	T	T	T	T	FF	T
	T	F	F	T	TT	F
	F	T	T	F	FF	T
	F	T	F	F	FT	F

「A ⊃ B」和「A·～ B」的「真假值」，在所有情況下都是相反的，因此兩者是「互相矛盾」的關係。

如果在至少一種情況下，兩個命題同時為真，它們的關係叫做「一致」（consistent）。

例 子

命 題	A　∨　B			A　·　B		
真假值	T	T	T	T	T	T
	T	T	F	T	F	F
	F	T	T	F	F	T
	F	F	F	F	F	F

「A ∨ B」和「A · B」的「真假值」有些情況下同為「真」，因此兩者是「一致」的關係。

如果在所有情況下，兩個命題都不可能同時為「真」，它們的關係就叫做「不一致」（inconsistent）。

例 子

命 題	A ≡ B	A · ~ B
真假值	T T T T F F F F T F T F	T F F T T T T F F F F T F F T F

「A≡B」和「A·~B」的「真假值」在所有情況下都不可能同時為「真」，因此兩者是「不一致」的關係。

要注意的是，如果兩個命題是「矛盾」的關係，則一定也是「不一致」；但「不一致」卻不一定是「矛盾」關係。

命題真值表的功能

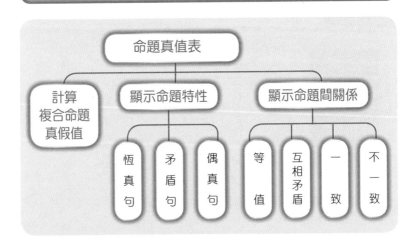

4 論證真值表

我們可以運用「真值表」，來判斷一個「論證」的「對確性」。

例子

請判斷以下「論證」的「對確性」。

前 提	1. 如果天正下雨，則會地面濕滑。 2. 天正下雨。
結 論	地面濕滑。

第一步：

先用「A」代表「天正下雨」，「B」代表「地面濕滑」，得出以下「論證形式」。

前 提	1. A⊃B 2. A
結 論	B

第二步：

用「真值表」把不同情況的「真假值」計算出來。

推論	前 提		結 論
	A ⊃ B	A	B
真假值	T **T** T T **F** F F **T** T F **T** F	T T F F	T F T F

第三步：

根據定義，「對確論證」不可能前提「真」而結論「假」。如果有任何一行是前提全部「真」而結論「假」，就是「不對確」，沒有的話就是「對確」。從以上的「真值表」可見，沒有任何一行是前提全部「真」而結論「假」，因此這個論證是「對確」的，換言之有 A 就一定有 B，A 是 B 的「充分條件」。

其他常見的「對確論證形式」還有：

前 提	1. p ∨ q 2. ~p
結 論	q

前 提	p · q
結 論	p

前 提	~~p
結 論	p

例 子

請判斷以下「論證」的「對確性」。

前 提	1. A⊃B
	2. ~B
結 論	~ A

首先用「真值表」把不同情況的「真假值」計算出來。

推論	前 提		結 論
	A ⊃ B	~ B	~ A
真假值	T T T	F T	F T
	T F F	T F	F T
	F T T	F T	T F
	F T F	T F	T F

由於沒有任何一行是全部前提「真」而結論「假」，所以這個論證形式是「對確」的。沒有 B 就一定沒有 A，由此可見，B 是 A 的必要條件。

「否定前項的謬誤」(fallacy of denying the antecedent) 是一種常見的謬誤，其論證形式如下：

前 提	1. A⊃B
	2. ~ A
結 論	~B

在「A ⊃ B」這個條件句中，「A」是「前項」，「B」是「後項」。我們可以用「真值表」來了解為甚麼「否定前項的謬誤」是「不對確」：

推論	前 提				結 論	
	A	⊃	B	~ A	~	B
真假值	T	T	T	F T	F	T
	T	F	F	F T	T	F
	F	T	T	T F	F	T
	F	T	F	T F	T	F

表中第三行顯示，在前提皆「真」的情況下，結論有可能是「假」，因此這個論證形式是「不對確」的。

「肯定後項的謬誤」（fallacy of affirming the consequent）是另一種常見的謬誤，其論證形式如下：

前 提	1. A⊃B
	2. B
結 論	A

我們也可以用「真值表」來了解為甚麼「肯定後項的謬誤」並不「對確」：

推論	前 提			結 論
	A	⊃	B	B	A
真假值	T	T	T	T	T
	T	F	F	F	T
	F	T	T	T	F
	F	T	F	F	F

表中第三行顯示，在前提皆「真」的情況下，結論可能為「假」，因此這個論證形式也是「不對確」的。

5 間接真值表

有時我們會遇上一些很複雜的論證形式，例如：

前 提	1. A⊃B 2. B⊃C 3. C⊃D 4. ~D
結 論	~ A

若用「真值表」去證明它的「對確性」，便需要計算 16 個「真假值」的不同組合[5]，十分花時間，此時我們便可以用「間接真值表」這種比較快捷的方法。

「間接真值表」是「歸謬法」(reductio ad absurdum) 的一種應用，首先假定論證為「不對確」，然後做推論。如果得出「自相矛盾」的結論，就能夠反證此論證不是「不對確」，亦即是「對確」；如果沒有矛盾出現的話，則原先的假定成立，證明到論證是「不對確」的。

返回上述的複雜論證形式。我們可以先假設此論證「不對確」，即有可能全部前提皆「真」，而結論為「假」：

推論	前 提				結 論
	A⊃B	B⊃C	C⊃D	~D	~ A
假設的 真假值	T	T	T	T	F

---

5 由於論證形式中有 4 個語句，「真值表」的行數便等於 2^4，亦即是 16。

然後我們便能逐步計算出 A、B、C、D 的真假值：

推論	前 提				結 論
	A⊃B	B⊃C	C⊃D	～D	～A
假設的真假值	T　T	T　T	T　T	T	F
	T	T	T	F	T

第三步
由於 A 和 A⊃B 皆為真，所以 B 為真

第四步
由於 B 和 B⊃C 皆為真，所以 C 為真

第五步
由於 C 和 C⊃D 皆為真，所以 D 為真

第二步
由於 ～D 為真，所以 D 為假

第一步
由於 ～A 為假，所以 A 為真

到最後我們計算出 D 既「真」且「假」，即自相矛盾，所以原先的假設不成立，這個論證不是「不對確」，亦即是「對確」。

我們亦可以用「間接真值表」來證明命題之間的一致性。

例 子

證明「A∨B」、「C⊃～B」和「～A」、「B⊃(C∨A)」之間的「一致性」。

第一步：
假設這四個命題是「一致」的、即有可能同時為「真」

命題	A∨B	C⊃～B	～A	B⊃(C∨A)
假設的真假值	T	T	T	T

第二步：

計算出 A、B、C 的真假值。若出現自相矛盾，即表示原先的假設是錯的，這組命題是「不一致」；沒有矛盾的話，即表示原先的假設是對的，這組命題是「一致」的。

命題	A ∨ B	C ⊃ ~ B	~ A	B ⊃ (C ∨ A)
假設的真假值	T F　T	T F　F T	T F	T T　T T F

第二步 由於 A 為假，A∨B 為真，所以 B 必是真	第三步 由於 B 為真，~B 便為假；現(C⊃~B)為真，那麼 C 必為假	第一步 由於 ~A 為真，所以 A 為假	第四步 由於 B 和 (B ⊃ (C ∨ A)) 皆為真，所以 (C ∨ A) 必為真；由於 A 為假，所以 C 必為真

第三步：

由於我們計算出 C 既「真」且「假」，即自相矛盾，所以這組命題的關係是「不一致」。

⑥ 重寫命題

我們平時所說的話，有很多並不符合「命題邏輯」的格式，因此我們做「命題邏輯」論證時，很多時都需要重寫命題：

1. 把「雖然 A 但 B」改寫成「連言句」

格式	雖然 A 但 B		A · B
例子	雖然他很聰明， 但他不喜歡讀書。	→	他很聰明， 並且他不喜歡讀書。

2. 把「除非 A，否則 B」改寫成「選言句」

格式	除非 A，否則 B		A ∨ B
例子	除非你勤力， 否則你會不合格。	→	你勤力， 或者你會不合格。

3. 把「A 是 B 的必要條件」改寫成「條件句」

格式	A 是 B 的必要條件		～A ⊃ ～B
例子	你勤力 是你成功的必要條件。	→	如果你不勤力， 則你會不成功。

4. 把「A 是 B 的充分條件」改寫成「條件句」

格式	A 是 B 的充分條件		A ⊃ B
例子	天下雨 是地面濕滑的充分條件。	→	如果天下雨， 則地面會濕滑。

7 如何對付「兩難論證」？

以下是一個「兩難論證」(dilemma)：

前 提	1. 如果你結婚，則你有痛苦（有家室之累）。
	2. 如果你不結婚，則你有痛苦（孤獨無伴）。
	3. 你結婚或不結婚。

結 論	你有痛苦（有家室之累或孤獨無伴）。

我們可以用 A 代表「你結婚」，B 代表「你有痛苦」，其「論證形式」如下：

前　提	1. A⊃B 2. ~A⊃B 3. A ∨ ~A
結　論	B

我們可以用「真值表」判斷其「對確性」：

推論	前　提			結　論
	A ⊃ B	~A ⊃ B	A ∨ ~A	B
真假值	T T T	F T T T	T T F T	T
	T F F	F T T F	T T F T	F
	F T T	T F T T	F T T F	T
	F T F	T F F F	F T T F	F

由於沒有一行是前提全「真」而結論為「假」，所以這個「兩難論證」是「對確」的。要「攻擊」這個「兩難論證」的唯一方法，就要指出它的前提不成立，不是「真確論證」。

明白了！

2.7 小結

　　用「范氏圖解法」和「真值表」證明一個論證的「對確性」，需要較複雜的技術，一般初學者可能不易掌握，但不要緊，**最重要是明白「對確」這個概念，知道甚麼是「必然性」的推論（如果前提為真，結論必然為真）**。當我們辨認出一個論證的形式「不對確」時，便可以不需要理會其內容，已知道推論是錯的。

　　其實我們在日常的思考中，很少會用到這兩種方法，我們很多時單憑直覺，就可以判斷大部分常用的「對確論證形式」，但要小心那些容易誤導我們的「謬誤」如「肯定後項」和「否定前項」，以免把「不對確」的論證誤以為是「對確」。

　　在「命題邏輯」中，「條件句」（A ⊃ B）最容易讓人感到困惑。讓我們重溫一下其「真值表」：

命題	p （前項）	q （後項）	p⊃q （條件句）
真假值	T	T	T
	T	F	F
	F	T	T
	F	F	T

假設有人表示：「如果太陽由東方升起，則雪是白色的。」雖然我們會質疑前項和後項根本沒有「因果關係」，但是根據上述「真值表」，前項和後項皆為「真」，這句説話便是「真」的，為甚麼會這樣呢？

其實在「命題邏輯」中，「條件句」的用法跟我們日常的用法並不完全相同，**「真值表」僅能反映「條件句」的「真假值」，不能反映句中的「因果關係」是否成立**。換言之，「如果太陽由東方升起，則雪是白色的」這句話雖然為「真」，但並不表示其前項和後項有「因果關係」，因此我們不能把這句話理解成「因為太陽由東方升起，所以雪是白色的」。

讓我們多舉一個例子：「如果太陽由西方升起，則雪是黑色的。」雖然句子的前項和後項都是「假」，但根據「條件句」的「真值表」，這句話卻是「真」的，為甚麼呢？

有人可能認為，我們平時根本不會講（自認為）沒有因果關係的「條件句」，但這不見得是事實，例如俗語「如果差佬靠得住，則豬乸會上樹」就是「條件句」。此句中的前項和後項顯然沒有因果關係，但我們都明白這句話想達致的「結論」並非「豬乸會上樹」，而是「差佬靠不住」。其實「如果差佬靠得住，則豬乸會上樹」只是「差佬靠不住」的其中一個前提，另一個前提是隱藏的，就是「豬乸不會上樹」，論證如下：

前提	1. 如果差佬靠得住，則豬乸會上樹。 2. 豬乸不會上樹。

結論	差佬靠不住。

讓我們用 A 代表「差佬靠得住」，B 代表「豬乸會上樹」，其「論證形式」如下：

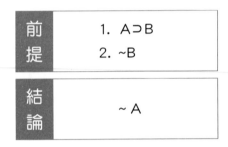

前提	1. A⊃B 2. ~B

結論	~ A

根據「條件句」的「真值表」，這個論證是「對確」的。

科學方法

性質

歸納法

核心

枚舉歸納法

統計歸納法

因果歸納法

類比歸納法

假設演繹法

分類

目的

獲取經驗知識

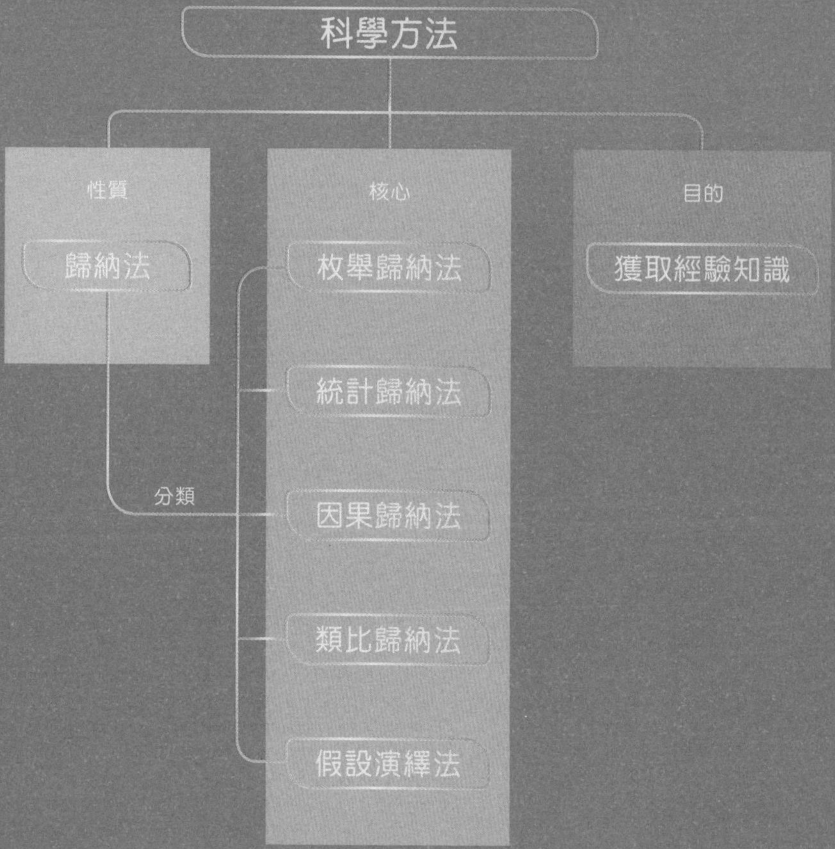

3.1 歸納法的特性

「歸納法」能為我們帶來知識，那麼是哪一種「知識」呢？

我們一般靠「檢證事實」去獲得「知識」，例如我知道「香港中文大學有三個足球場」，便是靠我去過中大、觀察到「有三個足球場」，而獲得的「知識」。

可是，如果我們單靠「檢證事實」去獲得「知識」，那麼我們能夠知道的東西就會很少了。例如我只能知道「今天太陽由東邊升起」，因為我們可以看見「今天」太陽由東邊升起，但是「明天」是否也一樣呢？單靠「檢證事實」的話，我不能知道答案，因為處身現在的我不能「檢證」明天的「事實」。

只知道個別事件是無法有效預測將來的，要預測將來發生的事，我們就必須建立具「普遍性」的知識，例如「太陽每天都由東邊升起」、「所有人都會死」、「鹽（氯化鈉）會溶於水」、「金屬是導電體」等。**具「普遍性」的知識得靠「歸納法」建立**，因此「歸納法」在提供知識方面，佔有很重要的位置。

本書的「導論」已簡單指出「歸納論證」和「演繹論證」的主要分別，至於詳細的分別則如下：

1. 「演繹論證」具有必然性，而「歸納論證」則只具「概然性」。

2. 從「演繹論證」的角度看，所有「歸納論證」都是「不對確」的，因為即使前提全部為「真」，結論仍有可能是「假」。「歸納論證」的「不對確」正是其特性，並不是缺點，因為只有這樣，我們才能由「已知」推論出「未知」，增加我們的知識。

3. 「演繹論證」雖然具「必然性」，但結論其實早已包含在前提之中，「演繹論證」只是把不明顯的結論顯示出來，不能產生「新知識」。

4. 在「演繹論證」中，正確的推論叫「對確」，錯誤的推論叫「不對確」。「對確」和「不對確」是截然二分的。但在「歸納論證」中，「論證」並非全然以「對確」和「不對確」來劃分，用「強」、「弱」來形容會比較恰當。如果前提對結論有充分的支持，就是「強的論證」（strong argument），反之就是「弱的論證」（weak argument）。當然，「充分」和「不充分」並不是截然二分的，強弱之間也有不同的程度。須注意「歸納論證」中前提的「真假」跟論證的「強弱」並沒有關係，我們只是假設前提為「真」，然後看它對結論的支持有多大。若強的歸納論證的前提為「真」，則稱為「有說服力的論證」（cogent argument）。

5. 在「演繹論證」中，論證的「對確性」取決於其「論證形式」，跟「內容」無關。但在「歸納論證」中，論證的「強弱」取決於論證的「內容」，跟「論證形式」無關。

誤解一：歸納論證只能由「個別」推論出「普遍」？

解答：歸納論證也可由「普遍」推論出「個別」，例子如下：

前提	1. 大多數末期肺癌病患者，不能多活三年。
	2. A 先生是末期肺癌病患者。
結論	A 先生不能多活三年。

誤解二：演繹論證只能由「普遍」推論出「個別」？

解答一：演繹論證也可由「個別」推論出「普遍」，例子如下：

前提	1. 甲班學生 A 是中國人
	2. 甲班學生 B 是中國人
	3. 甲班學生 C 是中國人
	4. 甲班只有 3 個學生

結論	甲班所有學生是中國人

解答二：演繹論證也可由「個別」推論出「個別」，例子如下：

前提	1. 董建華的年紀比曾蔭權大。 2. 曾蔭權的年紀比梁振英大。
結論	董建華的年紀比梁振英大。

「演繹論證」與「歸納論證」的分別

	演繹論證	歸納論證
性質	具「必然性」	具「概然性」
分類	「對確」或「不對確」	由「強」至「弱」，有不同程度之分
判斷標準	論證形式	論證內容

❶ 枚舉歸納法

在有限的「個例」中，我們可以觀察其性質，然後推論「全體」也具有相同的性質，這就是「枚舉歸納法」（induction by enumeration）。

例 子

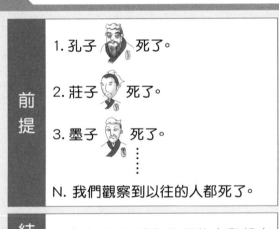

前提	1. 孔子 死了。
	2. 莊子 死了。
	3. 墨子 死了。
	……
	N. 我們觀察到以往的人都死了。
結論	所有人（包括現在未死的人和將來的人）都會死。

我們觀察以往的人都死了，因此得出「所有人都會死」的結論。由於結論的信息（所有人都會死）比前提（以往的人已死）多，所以這個「歸納論證」提供了更多「知識」給我們。

不過，「歸納推論」並沒有「必然性」，前提的「真」並不能保證結論的「真」，結論仍可能為「假」，例如即使我們觀察到以往的人毫無例外都已經死了，但將來的人也有可能「長生不死」。

② 統計歸納法

以下是統計歸納法（statistical generalization）的論證形式：

前提	在觀察 X 的有限樣本當中，有 Z 是 Y。
結論	所有 X 當中，有 Z 是 Y。

例子

前提	在觀察 1,000 個吸煙人士當中，有 40% 人會患上肺癌。
結論	有 40% 的吸煙人士會患上肺癌。

X= 吸煙人士　　Y= 患上肺癌　　Z=40%　　有限樣本 =1,000

當 Z 等於 100%，我們便稱之為「普遍歸納」，亦即前述的「枚舉歸納法」：

| 前提 | 在觀察的 1,000 個人當中，有 100% 人是有心臟的。 |
| 結論 | 所有人都有心臟。 |

X=人　　Y= 有心臟　　Z=100%　　有限樣本 =1,000

在「歸納論證」中，我們不能單憑「論證形式」去判斷它是否成立，必須訴諸論證的具體內容。就以上述兩個論證來說，究竟 1,000 人這個樣本數目（sample size）是否足夠呢？這就要視乎論證的具體內容，不能一概而論。

做「歸納論證」時，我們有一些準則須依從：

1. 樣本數量要充分

2. 樣本不存在偏差

3. 內容跟我們現有的知識要相容（compatible）。

假設我要調查香港中文大學的男生比例，若全校有 2 萬名學生，我只觀察了 10 個同學，發現當中 8 人是男生，然後得出「中大全校有八成是男生」的結論，這個「歸納論證」的樣本便明顯不充分。

假設我將樣本數目增至 1,000 人，但只在理學院做抽樣。雖然這個樣本的數量比較充分，但就不具代表性，因為理學院的男女比

例不能正確反映其他學系的情況。這個樣本是有偏差的。

至於一個論證是否跟現有的知識「相容」，我們可以用以下例子作進一步説明：

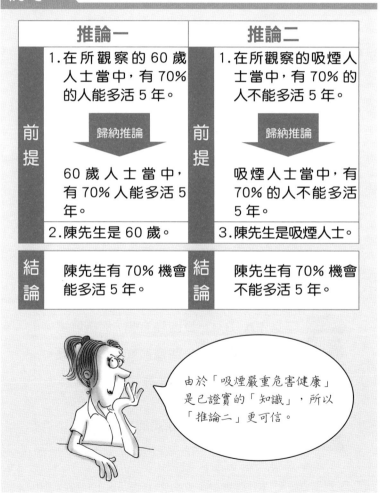

例子

推論一	推論二
前提 1.在所觀察的 60 歲人士當中，有 70% 的人能多活 5 年。 ↓ 歸納推論 60 歲人士當中，有 70% 人能多活 5 年。 2.陳先生是 60 歲。	**前提** 1.在所觀察的吸煙人士當中，有 70% 的人不能多活 5 年。 ↓ 歸納推論 吸煙人士當中，有 70% 的人不能多活 5 年。 3.陳先生是吸煙人士。
結論 陳先生有 70% 機會能多活 5 年。	**結論** 陳先生有 70% 機會不能多活 5 年。

由於「吸煙嚴重危害健康」是已證實的「知識」，所以「推論二」更可信。

除了以上的準則，我們還要注意反面證據。反面證據有時由於某些原因，不容易被人發現，例如一名教師因為不時有學生讚賞他的正面證據，所以便認為自己「教得幾好」，不過實情可能是有一定人數的學生認為該老師教得很差，只是沒有當面告訴他而已。

❸ 因果歸納法

「歸納法」早在古希臘時代已由亞里士多德提出，但直到十六世紀，英國哲學家培根（Francis Bacon）才正式主張「歸納法」是獲取知識的方法。到了十九世紀，另一位英國哲學家穆勒（John Staurt Mill）提出「穆勒方法」，把「歸納法」分成五大類，分別是「取同法」、「差異法」、「差異關聯法」、「共變法」和「剩餘法」[1]。穆勒認為「歸納法」是用來尋找現象（phenomenon）之間的「因果關係」，所以這五種歸納法又叫做「因果歸納法」。

1. 取同法： 在多個大致相同的事例中，a 現象皆有出現，而所有事例都存在 A 情況，那麼 A 可能就是 a 的原因。

例 子

前提	甲吃了 A、B、C、D 四種食物，然後肚痛。 乙吃了 A、E、F、G 四種食物，然後肚痛。 丙吃了 A、H、I、J 四種食物，然後肚痛。
結論	吃了 A 食物是大家肚痛的原因。

---

1 嚴格來說，「剩餘法」不是「歸納法」，而是「演繹法」，因此不會在本章中討論。

2. 差異法： 在多個大致相同的事例中，只得一個事例存在 A 情況，
並出現了 a 現象，那麼 A 可能就是 a 的原因。

例子

前提	甲吃了 A、B、C 三種食物，然後肚痛。 乙吃了 B、C 兩種食物，並沒有肚痛。 丙吃了 B、C、D 三種食物，然後沒有肚痛。
結論	吃了 A 食物是甲肚痛的原因。

3. 差異關聯法： 將「取同法」和「差異法」結合來運用，令結論更加
可靠。

例子

前提	甲吃了 A、B、C 三種食物，然後肚痛。 乙吃了 A、E、F 三種食物，然後肚痛。 丙吃了 B、C 兩種食物，然後沒有肚痛。
結論	吃了 A 食物是肚痛的原因。

4..共變法：在足夠的事例中，如果 A 情況出現變化後， a 現象亦
出現變化，那麼 A 就是 a 的原因。

例 子

前提	事件一：A 情況的變化　導致　a 現象的變化。 事件二：A 情況的變化　導致　a 現象的變化。 事件三：A 情況的變化　導致　a 現象的變化。 ⋮
結論	A 情況是 a 現象的原因。

　　在「穆勒方法」當中，以「差異法」最常被運用於實驗中，例如
要研究「看暴力電視節目」會否導致「兒童產生暴力傾向」，我們便
需要有兩組兒童，把他們分為「實驗組」和「控制組」。兩組兒童的
「性質」如年齡、性別比例等，要大致相同，待遇亦要一樣，唯一不
同就是「實驗組」需要收看暴力電視節目，而「控制組」則不能收
看暴力電視節目。我們只要觀察「實驗組」的兒童是否真的比「控
制組」的兒童更有暴力傾向，便能判斷「看暴力電視節目」是否就是
「產生暴力傾向」的原因。

④ 類比推論

　　「類比推論」（argument from analogy）是基於兩件事物有某

些相似性，而推論出兩件事物會有其他相同的地方，即由「個別」推論出「個別」。

「類比推論」是十分常見的思考方式，亦有利於創新和發明。例如我們吃的藥物，有很多都會用動物來試驗，這是因為動物跟人類在生理上有一定相似性，所以動物吃過的藥有效，對人類也很有可能有效。

「類比論證」的形式表述如下：

前提	甲有 A、B、C、D 和 E 的特質。 乙有 A、B、C、D 的特質。
結論	乙也有 E 的特質。

例 子

前提	1. 地球是太陽系的行星，有水、空氣、陽光和生命。 2. 火星是太陽系的行星，有水、空氣和陽光。
結論	火星也有生命。

地球和火星兩者都是太陽系的行星，都有水、空氣和陽光這些生命存在的必要條件。既然地球和火星有很多相似的地方，那麼地球上有生命存在，火星上便可能都有生命存在。

我們做「類比推論」時，切記「類比推論」也是「歸納法」的一種，只有「概然性」，沒有「必然性」。假如我們接納一個「類比推論」的結論，只代表其結論獲得前提充分的支持，不代表結論必然成「真」。

當然，何謂「充分」並沒有十分清晰的標準，不過也有一些準則可以判斷「類比論證」的可信性：

1. 前提的「相似性」越多，論證便越強；
2. 若前提的「相似性」是「本質屬性」，論證亦會較強；
3. 前提的「相似性」跟結論的因果關係越強（例如上例中的水、空氣和陽光，都是很多生命存在的必要條件），論證便越強；
4. 若結論跟我們已有知識的相容性越強，論證便越強，這一點跟判斷「普遍歸納法」和「統計歸納法」的可信性一樣。

⑤ 假設演繹法

「假設演繹法」（hypothetico-deductive method）雖然有「演繹法」的成分，但其實屬於「歸納法」，科學研究所採用的方法就是「假設演繹法」。

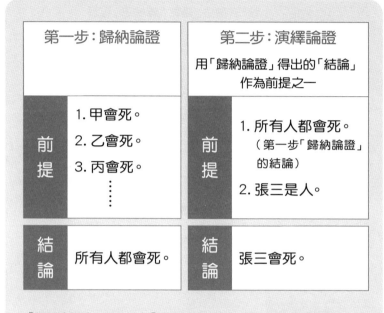

「假設演繹法」的運作

第一步：歸納論證		第二步：演繹論證 用「歸納論證」得出的「結論」 作為前提之一	
前提	1. 甲會死。 2. 乙會死。 3. 丙會死。 ⋮	前提	1. 所有人都會死。 （第一步「歸納論證」 的結論） 2. 張三是人。
結論	所有人都會死。	結論	張三會死。

「假設演繹法」雖然包含「演繹論證」的成分，但仍屬「歸納法」。第一步「歸納論證」所得出的「結論」只是一個「假設」，但在前提的支持下，我們有理由去接受這「假設」為「真」。

很多科學理論的假設，都是由「歸納法」得來的結論，氣體定律（Gas Law）便是其中一例，但亦有不少科學理論的假設不是靠「歸納法」得來，而是由人創造、想像出來的，牛頓的物理學、愛因斯坦的相對論便是例子。因此當我們說「假設演繹法」是「歸納法」時，並非指「假設」一定由「歸納法」得來，而是指「假設」已得到經驗的印證，這是「歸納上」的支持。

一般解釋	**用「歸納法」證實「歸納法」可靠** 我們根據「歸納法」和過去的經驗，得知自然界有「齊一性」（homogeneity）；因為自然界有「齊一性」，所以用「歸納法」從過去的經驗推論出將來，是可靠的做法。	犯了「循環論證」的謬誤
史特勞森 P.F. Strawson （英國哲學家）	**「歸納法」本身已是證立的標準** 「歸納法」是理性的一部分，是判斷思考是否合理的一個標準，我們根本不需要證立（justify）其可靠性。	較為可取
萊辛巴哈 Hans Reichenbach （德國哲學家）	**「歸納法」是獲取知識的唯一方法** 人類要生存，便需自覺或不自覺地預測將來。預測需要定律，我們要獲取定律，便需要「歸納法」，找出某一系列類似事件可能出現的概率。（以實用的理由去證立「歸立法」）	較為可取
波柏 Karl Popper （奧地利哲學家）	**「歸納法」不需要任何證立** 「歸納法」根本就不存在，只有「假設演繹法」。（不承認「經驗證據」對「科學假設」有印證性）	無法令人信服

3.3 科學理論的特性

❶ 科學研究的步驟

研究科學不能漫無目的，也有一定的步驟如下：

1. 就某種現象提出問題，確定研究的題材和方向；

2. 嘗試回答自己提出的問題，作出「初步假設」；

3. 收集並分析相關資料；

4. 提出「正式假設」去說明現象；

5. 用「正式假設」去演繹出「可觀察現象」的命題；

6. 驗證「可觀察現象」，以印證或否證「正式假設」；

7. 假如「經驗證據」是反例，「正式假設」便會被推翻；

8. 再提出新的「正式假設」（回到第四步）或「初步假設」（回到第二步）。

這就是「依靠試錯法」（trial and error）。我們通過不斷的假設和驗證，直到找出一個妥當的假設，去說明某種現象為止。這過程可以是永無休止的，因為環境不斷在變，當有新的「經驗證據」出現，從前已證實的假設便有可能被推翻。

在「依靠試錯法」的過程中，我們有時只要收集到相關的資料（第三步），便可推翻「初步假設」。例如中文大學有一種燕子，牠

們築巢的位置比一般燕子高很多，為甚麼呢？有人便提出一個「初步假設」，是為了避開人類的騷擾。不過我們在收集、分析相關資料後，發現有些燕子築巢的地方雖高，但並非人煙罕至，於是我們就可以推翻上述的「初步假設」。[1]

很多人認為科學的工作是按一定的程序進行，並不需要創造力和想像力，其實這是一種誤解。有很多科學上的假設都是靠猜想得來的，而猜想又常常依靠靈感和想像力，例如苯（benzene）這種化合物的分子結構就一度困擾着化學家，直到德國化學家柯庫勒（Friedrich A. Kekule）在夢中見到一條蛇咬着自己的尾巴，才想到苯的分子結構有可能是環形。

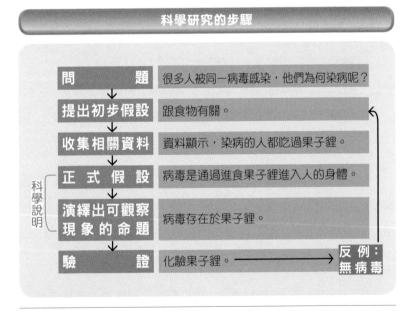

科學研究的步驟

問　　　題	很多人被同一病毒感染，他們為何染病呢？
提出初步假設	跟食物有關。
收集相關資料	資料顯示，染病的人都吃過果子貍。
正　式　假　設	病毒是通過進食果子貍進入人的身體。
演繹出可觀察現象的命題	病毒存在於果子貍。
驗　　　證	化驗果子貍。　　　　反例：無病毒

科學說明

---

1 後來發現這種燕子需要俯衝一段距離，才可以起飛，若燕子築巢的位置離地面不夠高，就會摔死。

2 科學說明模式

由「正式假設」到「演繹出可觀察現象的命題」這一個步驟，我們稱之為「科學說明」。「科學說明」的模式包括兩部分，分別是「說明項」和「被說明項」。我們用「演繹推論」，便能由「說明項」推論出「被說明項」。

「科學說明」和「科學預測」的結構是相同的。如果「被說明項」已經發生，「說明項」便說明了「被說明項」的出現。如果「被說明項」還未發生，「說明項」便是在預測「被說明項」將會出現。

「科學說明」有兩種模式，分別是「演繹律則說明模式（D-N model）」和「概然性律則說明模式」（P-N model）。

1.「演繹律則說明模式」

說明項	普遍定律——L1, L2, L3, ⋯⋯ Ln 先行條件——C1, C2, C3, ⋯⋯ Cn
被說明項	事件——E

說明項	普遍定律	所有人都會死。
	先行條件	孔子是人。
被說明項	事件	孔子會死。

伽利略（Galileo Galilei）反對亞里士多德的「自由落體定律」，提出了新的「自由落體定律」。根據亞氏的講法，一個物體跌落地面所需的時間，跟該物體的重量有關，越重的物體所需的時間便越少。伽利略卻認為一件物體的重量跟它到達地面所需的時間根本無關，他認為一個物體從高處掉下來所需的時間，可用以下方程式計算出來：

$$s = \frac{1}{2}at^2$$

s：物體離地面的距離

a：地球重力常數＝ 10m/s^2

t：物體落地所需時間

（假設空氣的阻力為零，物體最初的速度等於零）

假設物體 A 由距離地面 20 米的高處掉下來（s=20m），我們可用上述方程式，計算出物體 A 着地所需的時間：

說明項	普遍定律	$s=\frac{1}{2}at^2$
	先行條件	$s=20m$
被說明項	事件	$t=2sec$

因此物體 A 會在 2 秒後着地。

2.「概然性律則說明模式」

說明項	概然性定律	P1, P2, P3, …… Pn
	先行條件	C1, C2, C3, …… Cn
被說明項	事件	E

說明項	概然性定律	吸煙有七成機會生肺癌。
	先行條件	陳大文吸煙。
被說明項	事件	陳大文有七成機會生肺癌。

❸ 科學假設的可否證性

接着我會解釋「印證」、「驗證」和「否證」的分別。

一個科學定律即使得到經驗充分的「印證」，仍只能是「假設」。我們可以用 P 代表「說明項」，Q 代表「被說明項」，那麼「P ⊃ Q」便代表了由「說明項」推論出「被說明項」的論證。

P	說明項	普遍定律	L1, L2, L3, …… Ln
		先行條件	C1, C2, C3, …… Cn
Q	被說明項	事件	E

假如 Q 真的發生、為「真」了，那麼以下的論證是否「對確」？

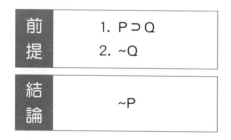

前提	1. P⊃Q
	2. Q
結論	P

以上的推論是「不對確」的，因為根據 86 頁的第 2 個「真值表」，前提「真」而結論有可能為「假」。我們只能說 Q 可以「印證」P 為「真」（Q 的「真」能「支持」P 為「真」）。

不過，如果 Q 並沒有發生（〜Q），以下的論證又是否「對確」？

前提	1. P⊃Q
	2. 〜Q
結論	〜P

根據 85 頁的「真值表」，不可能出現前提「真」而結論「假」的情況，因此以上的論證是「對確」的。我們可以根據「〜Q」來「否證」P。

由此可見，即使一個科學理論有充分的證據，也不可以說它為「真」，不過，只要有一個反例出現，就足以推翻一個科學理論。因此我們才說「科學定律只是假設」──當經驗證據推翻原有的科學理論時，新的科學理論就有機會出現，說明舊理論所不能說明的現象。

不斷「否證」舊有的科學理論，就是增進知識的途徑，例如牛頓物理學被相對論「推翻」[2]後，我們的知識又增長了一大步。

當然，實際情況並沒有這樣簡單。試想像我們讀中學時所做的科學實驗，實驗結果跟理論的預測通常都不一樣，但老師總會說是我們做錯實驗，而不是理論有錯，這是因為那些實驗已被科學家重複印證了很多次。即使我們真的確定實驗結果出現了反例，但科學家一般不會立即修改相關的科學理論，因為未必是普遍定律有問題，也可能是「先行條件」本身出錯，或有一些未明的因素，影響了實驗的準確性。

前文已談過「被說明項」可以否證「說明項」（～Q可以推論出～P），但「說明項」本身亦包含了兩部分，分別是「普遍定律」和「先行條件」。為方便解釋，現假設只有一個「普遍定律」L，和一個「先行條件」C，有關的論證便會變成：

前提	1. (L · C) ⊃ Q 2. ~Q
結論	~(L · C)

---

2 正確的說法應是「相對論比牛頓物理學能說明更多的現象」。

我們可以用「真值表」,證明「〜(L·C)」等於「〜L v 〜C」:

命 題	〜 （L · C）			〜 L v 〜 C				
真假值	F	T T T		F T	F	F T	
	T	T F F		F T	T	T F	
	T	F F T		T F	T	F T	
	T	F F F		T F	T	T F	

否定「說明項」(〜P)即否定「普遍定律」或否定「先行條件」
(〜L v 〜C),因此錯的未必是「普遍定律」本身,也可能是「先
行條件」有問題,例如科學家最初只知道太陽系有七大行星,並不
知道海王星的存在。不過,由於計算天王星軌道時出現了偏差[3],科
學家必須解釋此現象。基於牛頓物理學解釋天體運動的根基良好,
難以動搖,於是有科學家便假設有「第八行星」存在,其引力影響了
天王星的軌道。結果,科學家亦因而發現了海王星。

---

3 按牛頓物理學計算出來的天王星軌道,跟實際觀察的結果不相同。

④ 評估科學假設的標準

　　既然經驗證據可以用來印證科學定律的假設，那麼要評估一個科學假設的「可接受性」，經驗證據就是一個很重要的標準。科學假設獲得經驗證據充分的印證，就表示它在「歸納上」得到支持：

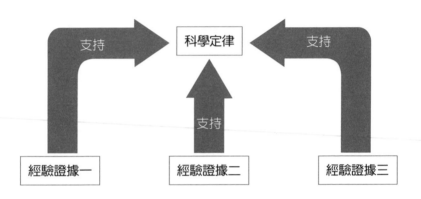

　　要評估一個科學假設的「可接受性」，除了「歸納上的支持」，還有兩個標準，分別是「演繹上的支持」和「簡單性原則」。

1.　演繹上的支持

　　以月球上的自由落體定律為例，雖然我們從未在月球上做過相關實驗，沒有任何「歸納上的支持」，但牛頓物理學適用於天體力學，只要我們學習牛頓物理學的普遍定律，便能推論出月球上的自由落體定律是如何，這就是「演繹上的支持」。由於牛頓物理學本身是極具權威性的科學定律，如果牛頓物理學可被接受，那麼月球上的自由落體定律也是可被接受。

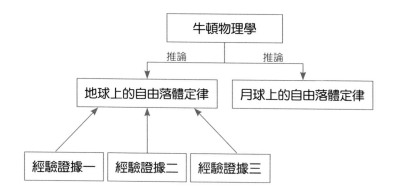

2. 簡單性原則

當兩個科學理論的權威性大致相同，我們便可訴諸「簡單性原則」來決定使用哪一個理論，例如在科學家未證實「地球環繞太陽自轉」之前，「日心說」和「地心說」同時存在，但當時的科學界已接受「日心說」，這是因為「日心說」較「地心說」簡單，做科學計算時亦方便得多。

3.4 小結

　　以上所講的各種「歸納法」，其實一般人在日常生活中都會運用到，只是不自覺而已。科學理論的本質也是「歸納法」，只不過較為精確和複雜，例如物理學中用到很深的數學，就是「假設演繹法」中的「演繹推論」，數學計算亦即「演繹論證」。一般人不太明白這些物理學，很大程度是由於不懂得這些數學計算。

　　我們說「歸納法」為我們帶來有關經驗世界的普遍性知識，現在不妨將之前所講的各種「歸納法」綜合起來，看看它們如何為我們帶來知識。

　　例如「草是綠色的」這個知識，我們是通過「枚舉歸納法」、觀察到不同的草都是綠色的，而推論出所有草都是綠色的，但是這只是知其然而，不知其所以然。為甚麼草是綠色的呢？要找出答案，我們便需要進一步找尋事物之間的因果關係，就要使用「因果歸納法」和「假設演繹法」，通過驗證和否證，找出適當的理論，去說明「草是綠色的」這種現象。

　　無論是哪種歸納法，到最後都是訴諸「經驗的觀察」（即「驗證」），但這裏有一個問題，所謂「經驗」是不是只局限於我們的「感

官經驗」呢?人死後還有沒有「經驗」[1]可言呢?擴闊「經驗」這個概念,便有可能為我們帶來全新領域的知識。

即使我們擴闊「經驗」這個概念,我們講的「知識」仍然是「實證性知識」,需要通過「驗證」。但「實證性知識」並不能「窮盡」所有知識,換言之,有些知識是不能化約(reduce)為「實證性知識」的,例如「規範性知識」涉及該做甚麼、不該做甚麼,便應歸入「價值判斷」;又例如「解釋性知識」如對歷史、藝術品的解釋,亦同樣不是「實證性知識」。

我無法在此詳細討論「非實證性知識」的意義和功能,我只想指出,當科學方法能為我們帶來「普遍性知識」時,其實是指「實證性知識」,但不意味只有「實證性知識」才算是「知識」,或「實證性知識」的價值比「非實證性知識」為高。

---

1 見李天命:《哲道行者》,127 頁。

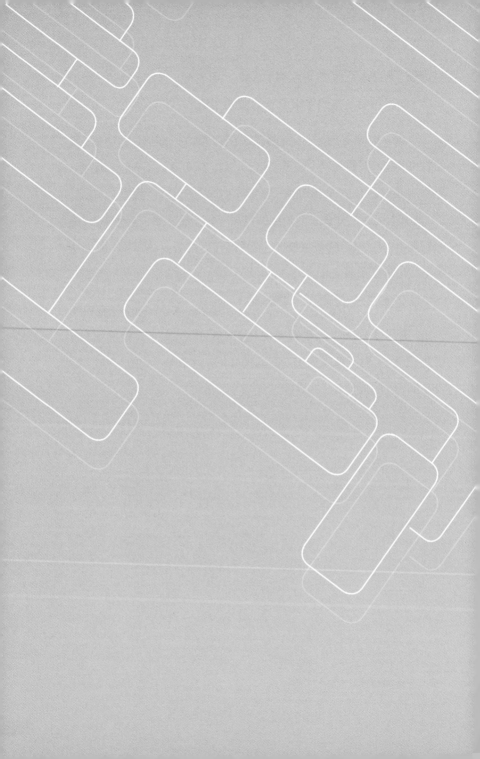

第四章

謬誤剖析

```
謬　誤 ── 定義
              思維方式的錯誤

         分　類
         四不架構
```

不一致	不相干	不充分	不當預設
自相矛盾	誤用權威	以偏概全	預設結論
自我推翻	訴諸人身	片面引導	混合問題
雙重標準	訴諸群眾	訴諸無知	假兩難
	錯誤類比	肯定後項	滑落斜坡
	離題	否定前項	
	斷章取義	假因果	
	歧義謬誤	非黑即白	
	訴諸自然	以全概偏	

4.1 何謂謬誤？

自古希臘以來，哲學家已開始研究謬誤，據説至今已累積多達一百種以上不同的謬誤，但一直欠缺妥當的整理，特別是關於謬誤的定義和分類。

李天命先生指出，一般邏輯書對謬誤所下的定義，是有問題的。很多邏輯書都將謬誤定義為「錯誤的論證」[1]，卻忽略了並不是所有謬誤都涉及「錯誤的論證」。「自相矛盾的謬誤」（fallacy of self-contradiction）就不是論證，例如「明天下雨並且不下雨」，它只是一句話，並沒有前提和結論，因此不是論證。連「論證」都不是，當然不會是「錯誤的論證」。

雖然大部分謬誤都是「錯誤的論證」，但仍有少數不是。如果這些邏輯書一方面將「謬誤」定義為「錯誤的論證」（根據這個定義，「自相矛盾」就不是謬誤），另一方面又肯定「自相矛盾」是「謬誤」，那麼，正正就犯了「自相矛盾」的「謬誤」。

另一個不是「論證」的常見謬誤，是「混合問題」。「論證」的「前提」和「結論」必須是有「真假可言」的語句，即判斷或陳述，但「混

---

1 例如一本頗為流行的邏輯教科書就將「謬誤」定義為「有毛病的論證」。見 Hurley, Patrick J., *A Concise Introduction to Logic, 9th ed*. (Wadsworth: Belmont, CA, 2006) p. 110.

合問題」則是混入不適當假設的問題。「問題」不是「判斷」,自然便不會是「論證」,更不會是「錯誤的論證」。

一般人會將謬誤理解為「普遍性的錯誤」,例如「年老戒煙會早死」。將「普遍性錯誤」說成是「謬誤」,其實背後有心理因素,就是要表達出這種錯誤的嚴重性。謬誤雖然是「錯誤」,但並非所有「錯誤」都是謬誤。由此可見,一般邏輯書對「謬誤」的定義太窄,但一般人的定義又太闊,因此李天命便將謬誤定義為**「思維方式上的錯誤」**[2], 正好介乎兩者之間,恰到好處。

「語理分析」、「邏輯方法」和「科學方法」所展示的,就是「正確的思維方式」,而將謬誤定義為「思維方式上的錯誤」,正好顯示「謬誤剖析」作為其餘三種思考方法的引申[3], 給予「謬誤剖析」在方法學上恰當的位置。

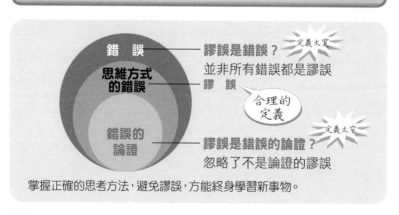

甚麼是謬誤?為甚麼要了解謬誤?

錯誤 ── 謬誤是錯誤? 定義太寬
並非所有錯誤都是謬誤
思維方式的錯誤 ── 謬誤
合理的定義
錯誤的論證 ── 謬誤是錯誤的論證? 定義太窄
忽略了不是論證的謬誤

掌握正確的思考方法,避免謬誤,方能終身學習新事物。

2　見李天命:《語理分析的思考方法》,頁32。
3　見李天命:《語理分析的思考方法》,頁32。

4.2 四不架構

　　有些講謬誤的書會盡量羅列出各種不同謬誤，但當中大多數謬誤都不常見，對我們來説並不重要，我們亦很少會犯上這些謬誤，因此這些書都欠缺實用性。**我們應該着眼那些經常會犯的謬誤，只要我們了解到它們為甚麼不正確，就可以改善自己的思考方式，作出更合理的思考。**

　　李天命先生對謬誤曾作分門別類，其架構稱為「四不架構」。就筆者所知，這是眾多分類架構中最實用、最簡單、最富創意及美感的一個分類架構。

　　根據「四不架構」，謬誤可分為「不一致」、「不相干」、「不充分」和「不當預設」四大類。它跟一般謬誤分類的最大分別，就是沒有預先將謬誤分成「形式」和「非形式」兩大類，令人耳目一新。「四不架構」亦把常見的「形式謬誤」如「否定前項」和「肯定後項」歸類為「不充分」謬誤，可謂十分巧妙。

　　「不一致」的謬誤是最嚴重的謬誤，具有矛盾或不一致的性質，「自相矛盾」便是例子之一。

　　「不相干」的謬誤大部分涉及錯誤的推論，由於前提跟結論並無關係，所以不可以用以支持結論。「不相干」的謬誤亦包括離題

中的「偽冒論題」，可以不涉及推論。如果一個人用「偽冒論題」攻擊別人的論點，我們便稱之為「攻擊稻草人謬誤」（straw man fallacy），這才是錯誤的推論。

「不充分」的謬誤大部分涉及錯誤的推論，雖然前提跟結論有關，但不足以支持結論，「以偏概全」便是例子之一。

「不當預設」的謬誤含有不適當的假設，例如「循環論證」就在結論有待證明的情況下，假設了結論為「真」。

「四不架構」能夠有系統地將大部分常見的謬誤分門別類，方法簡單、易明、易記，不單實用，而且美觀。「不一致」、「不相干」、「不充分」、「不當預設」四種謬誤的嚴重性，按先後次序層層遞減。我們使用「四不架構」檢視一個言論時，會先後檢查該言論是否「不一致」、「不相干」、「不充分」、有沒有「不當預設」，應用本身已甚具節奏感。

順帶一提，筆者十分欣賞李天命先生將「四不」精神應用到人生哲學方面，對指導我們的行為極具參考價值。

本書將借用李天命先生的分類架構，但收錄的謬誤不會跟他所講的完全相同，名稱上亦會有差異。

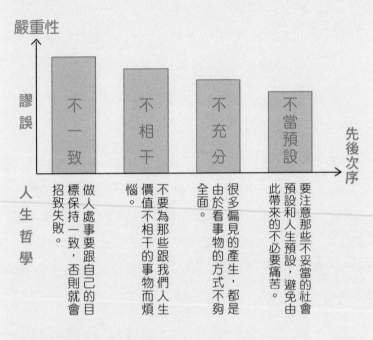

嚴重性

謬誤

| 不一致 | 不相干 | 不充分 | 不當預設 |

先後次序

人生哲學

做人處事要跟自己的目標保持一致，否則就會招致失敗。

不要為那些跟我們人生價值不相干的事物而煩惱。

很多偏見的產生，都是由於看事物的方式不夠全面。

要注意那些不妥當的社會預設和人生預設，避免由此帶來的不必要痛苦。

資料來源：李天命《哲道行者》，128 頁

4.3 不一致的謬誤

❶ 自相矛盾

　　「自相矛盾」的言論會同時肯定及否定一個命題，亦即是「邏輯矛盾」，其邏輯形式為「p·～p」，例如「這裏現在下雨並且不下雨」這句子，就是明顯的「自相矛盾」。不過，日常生活中有很多「自相矛盾」的句子，其「p·～p」的形式並不明顯，我們需要經過分析，才能把它們認出來。

例子

> 「如果你來拜祭我的話，為表示禮貌，將來我也會去拜祭你。」

「你來拜祭我」意味着「我死了」，「我也會去拜祭你」卻包含「我仍在生」的意思，亦即是「我未死」。「我死了」並且「我未死」，就是「自相矛盾」。

　　「自相矛盾」的句子都有「p·～p」的形式，但有些表面好像具有這個形式的句子，其實並沒有「自相矛盾」。例如中國人很喜歡罵「這個人不是人」，這句子表面上看似是「自相矛盾」，罵有些「人」不是「人」，但事實上，兩個「人」字的意思並不相同，第一個「人」是指「生理意義上的人」，而第二個「人」則是指「道德意義上的人」，因此沒有矛盾。

例 子

這個情況是否「P・~ P」、有「自相矛盾」？

喜歡「拍照」	並且	不喜歡「拍照」
p	・	~p

自相矛盾？

左圖中的「拍照」是指「為別人拍照」；右圖中的「拍照」是指「被拍進照片中」，因此上述情況並無「自相矛盾」。

② 自我推翻

「自我推翻」(self defeating) 是指某句話本身的內容就足以推翻自己。

例 子

> 世上沒有絕對真理。

「世上沒有絕對真理」這句話本身是否「絕對真理」呢？如果是的話，就等於推翻自己，犯了「自我推翻」的謬誤。

例 子

> 不應該將自己的價值觀強加於別人。

如果「不應該將自己的價值觀強加於別人」是「真」的，由於這句話本身也是「價值判斷」，叫人不要這樣做也正是「將自己的價值觀強加於別人」，結果也是「自我推翻」。

③ 雙重標準

在沒有提供充分理由的情況下，如果我們面對同類事件卻作出不同的判斷，或採用不同的對待方式，而導致不公平的情況出現，甚至傷害到他人，那麼我們便犯了「雙重標準」（double standard）的謬誤。

例 子

> 普通人和法官之子同樣被控藏毒罪，
> 但普通人被判罪成入獄，
> 法官之子卻獲輕判，不用坐牢，也不用留案底。

如果法庭沒有就二人的判刑提供充分理由，便犯了「雙重標準」謬誤。

賽跑會分男女子組作賽，
理由是女性的體力，一般來說跟男性有很大的差距。

由於有提供充分理由，所以分男女子組作賽的方法不算犯了「雙重標準」的謬誤。

老師在以下情況是否犯了「雙重標準」謬誤？

要識別「雙重標準」謬誤，「差別對待」的存在並非唯一的標準，我們亦要分析該「差別對待」是否有「充分理由」支持、有否導致不公平或傷害。不過何謂「充分理由」往往是有爭議的，因此一件事是否犯了「雙重標準」謬誤，往往存在很大的灰色地帶。

4.4 不相干的謬誤

❶ 誤用權威

「誤用權威」（appeal to unqualified authority）是指訴諸不合乎資格的權威，或訴諸不相干的權威。

例子

前提	很多著名的醫生、科學家和宗教領袖都認為墮胎是不道德的。
結論	墮胎在道德上是錯的。

醫生、科學家和宗教領袖雖然都是社會上的權威人士，但「墮胎是否不道德」是倫理學範疇的問題，而倫理學根本沒有權威，醫生、科學家和宗教領袖在倫理學方面亦沒有權威可言，因此上述論證便犯了「誤用權威」的錯誤。

「誤用權威」並非指在任何情況下訴諸權威都是錯的，例如我們有病看醫生，並相信醫生的診斷，這樣的訴諸權威便沒有問題，因為我們是在訴諸相干的權威。

② 訴諸人身

　　當一個言論的正確性並非訴諸其內容，而是根據說話者的地位、性別、種族、人格或意圖等等人身因素而定，即犯了「訴諸人身」（argument against the man）的謬誤。

例　子

前提	前港督彭定康有心搞亂香港。
結論	我們不能接受彭定康提出的「民主政治」。

以上論證犯了「訴諸人身」的謬誤，因為：
1. 即使「彭定康有心搞亂香港」是真的，也跟「接受他提出的民主政治」一事不相干；
2. 是否接受彭定康提出的「民主政治」，應該按其「民主政治」制度的好壞來判斷，才是合理。

　　同樣道理，即使有人懷有極好的意圖、善良的動機，也不表示他所說的話就一定對。

　　中國著名畫家豐子愷曾在《梵高生活》一書表示：「人品既高，氣韻不得不高……故畫中可見君子小人。」這也犯了「訴諸人身」的謬誤，因為個人品格跟其作品並沒有必然關係。

　　訴諸意圖或意向是「訴諸人身」謬誤的一種，由於它比較特

別，所以有些哲學家給它取了一個專名：「意向謬誤」（intentional fallacy）[1]。坊間很多藝術評論都根據作者的意圖，去判斷作品的好壞，這便犯了「意向謬誤」，因為要評價一件藝術作品，最合理的標準應是作品本身的性質，而非作者的意圖。

❸ 訴諸群眾

由於大眾認為某個論點是對的，便推論該論點是對的，這就犯了「訴諸群眾」（appeal to people）的謬誤。人之所以會犯「訴諸群眾」的錯誤，大多是為了尋求別人的認同，卻忽略了論點正確與否，不由認同人數的多寡而定。

例子

前提	很多人都認為畢加索的畫很差。
結論	畢加索的畫很差。

畢加索作品的好壞，與其公眾認受的程度並無關係，因此上述論證犯了「訴諸群眾」的謬論。

---

1 見 Wimsatt and Beardsley, *The Intentional Fallacy*, Margolis ed., *Philosophy Looks at the Arts*, 3rd ed., p373-376.

「民主」表面上也是訴諸多數人的意願而作決定，即「少數服從多數」，但跟「訴諸群眾」並不相同，分別有二：

1. 「民主」並非任何領域都適用，例如我們做藝術評論時，就不能靠投票來確定一件藝術品的價值；

2. 雖然「少數服從多數」是「民主」的一個重要部分，但「民主」亦包含「理性討論」等其他元素。假設立法會就香港是否實行「安樂死」進行表決，議員事前便要進行充分、理性的討論，一併考慮贊成和反對雙方的理由，把做錯決定的機會減到最低。

④ 錯誤類比

「類比推論」是「歸納推論」的一種，而「錯誤類比」（false analogy）就是錯誤的「類比推論」。

例 子

前提	1. 豬有兩隻耳、一個嘴，並很笨。 2. 小明有兩隻耳和一個嘴。	
結論	小明很笨。	

在這個論證中，前提跟結論是不相干的，因為「愚蠢」跟「有耳朵和嘴巴」並無關係。

中國古代很多時都會用比喻手法去表達思想，如果我們把這些比喻看作是「論證」，就會形成「錯誤類比」。

例子

> 「天無二日，土無二王。」——《禮記·曾子問》

我們不可能憑「天上不可能有兩個太陽」，去證明「一個國家不可能有兩個皇帝」，試問兩者有何相干呢？

當然，如果我們只將上述這些比喻理解為「類比解說」，而非論證，是沒有問題的。所謂「類比解說」就是通過類比手法和較易明白的事例，去形容某個論點，使人更易明白，但不能證明該論點就是對的。

例子

> 車有二輪，鳥有雙翼，故文武不能偏廢。

我們可以通過類比，讓讀者更容易明白文武兩者的重要性猶如車的兩輪、鳥的雙翼般均等，不能偏廢任何一方，但不能證明這是正確的推論。

5 離題

「離題」（red herring）又叫「偷換論題」，意指在討論中途改變論題。離題的思考與論題毫不相干，我們必須針對論題，作出思考，才算有意義。

離題可以是自覺或不自覺的，手法也有很多，不一而足，但常見的有兩種：

　　1. 攻擊對方論點時，「擴大」其論點；
　　2. 面對攻擊時，「縮小」自己的論點，避開攻擊。

例子

> 東涌居民人數越來越多，需要興建一間醫院，但政府遲遲未有計劃。主責官員面對記者質詢時，反問道：「世事往往不完美，要在每一位市民門前建一間醫院，可能嗎？」

上述政府官員沒有正面回答問題，反而「擴大」了記者的論點，把居民的需要推向極端，以避開記者責難。

　　還有一種「離題」手法，就是訴諸批評者的意圖，來避開批評。

例子

> 某政治人物曾向市民表示絕不移民，卻被揭發擁有外國居留權，備受批評。該政治人物沒有正面回應事件，反而大聲疾呼，說整件事是「意圖不軌的陰謀」，有人「別有用心」，借機打擊其政治地位。

別人懷着甚麼意圖來批評，是一回事，批評正確與否是另一回事，即使懷着極差意圖的人，也可以作出正確的批評。利用「別有用心」、「意圖不軌」的字眼，都是為了轉移視線。當然，這位政治人物同時也犯了「訴諸人身」的謬誤。

情況	對應「離題」手法	
攻擊他人的 論點	擴大對方的論點，讓 自己更易「射中」目標	
避免自己的 論點被攻擊	縮少自己的論點，讓 別人難以「射中」自己	
	訴諸攻擊者的意圖， 轉移視線，避開批評	

了解各種「離題」手法的運用，除了有助我們避免犯錯外，亦令
我們更能識別、拆穿別人的謬論。

⑥ 斷章取義

當我們思考字詞、片語或句子的意思時，必須一同考慮使用該
字句時的背景和（語言的或非語言的）脈絡，才能作出正確了解。
所謂「斷章取義」就是將一些字語、片語或句子從其脈絡中抽出來，
改變原本的意思，導致誤解產生。新聞報導由於有時間限制，往往

需要大量刪減被訪者的言論，因此容易出現「斷章取義」的情況。

例子

> ### 三思而後行

很多人認為孔子叫人凡事要「三思而後行」，不錯，這句話是出自《論語・公冶長》，但並非孔子所說，孔子也不認為所有人都需要「三思」。原文是這樣的：「季文子三思而後行。子聞之曰：『再，斯可矣。』」孔子認為季文子顧慮太多，慎思兩次就足夠了。事實上，有時多思會令人猶豫不決，有時多思又會容易使人產生私意。所以，以為孔子完全贊同這句話就明顯犯了「斷章取義」的謬誤。

例子

以下新聞報導是否有「斷章取義」？

上述的新聞報導存在「斷章取義」，把受訪者說的一句話由脈絡中抽出來，作獨立解釋，導致觀眾誤會其意思。我們引述或轉述別人的說話時，也要注意避免「斷章取義」。

7 歧義謬誤

「歧義謬誤」是一種錯誤的推論，由混淆字詞的不同意思所致。

例子

前提	1. 哲學是一種**藝術**。 2. **藝術**應該由藝術史家來研究。
結論	**哲學應該由藝術史家來研究。**

「前提一」中的「藝術」是指一種需要想像力的技巧，「前提二」的「藝術」則是指「藝術品」。由於「藝術」一字出現歧義，因此上述論證便犯了「歧義謬誤」。

由歧義造成的錯誤推論，既可歸入「謬誤」，亦可歸入「語害」中的「概念滑轉」。換言之，「謬誤」和「語害」並不互相排斥，但意思截然不同：「謬誤」必然是錯誤，但「語害」不一定是錯的，例如「空廢命題」便是「真」的，「語意曖昧」則僅指意義不清。

8 訴諸自然

凡是以「合乎自然」或「違反自然」來支持或反對一個結論，都是錯誤的推論，因為所謂「自然」或「不自然」的說法，多是語意曖昧的。我們稱這種謬誤為「訴諸自然」（appeal to nature）。

例 子

| 前提 | 1. 不自然是不道德的。 |
| | 2. 同性戀是不自然的。 |

| 結論 | 同性戀是不道德的。 |

為甚麼「不自然」就是「不道德」呢？從來沒有人能夠說明清楚。有些人天生就喜歡同性，那不是也很「自然」嗎？

4.5 不充分的謬誤

❶ 以偏概全

我們在第三章談「科學方法」時，已指出不正確的歸納推論有兩種，一是樣本數量不充分，二是樣本有偏差、不夠代表性（102頁）。這兩種錯誤的歸納便是「以偏概全」（hasty generalization）。

例子

前提	1. 張三吸煙 ，並沒有患肺癌。 2. 李四吸煙 ，並沒有患肺癌。 3. 陳七吸煙 ，並沒有患肺癌。
結論	吸煙人士不會患肺癌。

只根據三個吸煙人士沒有患肺癌的事實，而推論出所有吸煙的人都不會患肺癌，樣本數量便明顯不夠充分，並忽略了其他已知吸煙患肺癌的個案。

「歸納論證」並沒有「必然性」，因此我們說上述論證出錯，並非指這個論證沒有「必然性」，而是指其「概然性」很低。

有兩種謬誤很容易跟「以偏概全」混淆，一是「合稱謬誤」（composition），二是「逆偶然」（converse accident）。

「合稱謬誤」也是錯誤推論的一種，由事物的所有「部分」所具有的性質，推論出事物的「整體」都具有相同的性質。

例子

以下論證犯了甚麼謬誤？

前提	太陽 　　 吃了 　　 數學 有意義 　　 有意義 　　 有意義 （這句句子中的每個部分都「有意義」，意思明確）
結論	**太陽吃了數學。** （這句句子也「有意義」，意思明確）

以上論證犯了「合稱謬誤」。「太陽」、「吃了」、「數學」都是大家能夠明白的詞語，但「太陽吃了數學」便令人不明所以了。我們不能由於句子中每個詞語皆「有意義」，便推論出整句句子本身也「有意義」。

我們也可以説「以偏概全」的謬誤是由「部分如此」推論出「全體也是如此」，但「以偏概全」所講的「部分」跟「合稱謬誤」的不相同，「合稱謬誤」所指的部分是「所有部分」，而「以偏概全」所講的部分只是「小部分」。另外，「整體」和「全體」的意思也有分別。

謬誤	合稱謬誤 由「所有部分如此」 推論出 「整體如此」		以偏概全 由「小部分如此」 推論出 「所有部分如此」	
例子	前提	這球隊的每位成員都很出色。	前提	這球隊的其中一位成員很出色。
	結論	這是一支出色的球隊。	結論	這支球隊的所有成員都很出色。
「部分」的意思	每位成員		其中一位成員	
「整體」、「全體」的意思	整個球隊		球隊中的所有成員	

　　「逆偶然」也是一種錯誤的推論，由不適當的事例推論出普遍的原則，意思和「以全蓋偏」相反。

例子

前提	鴉片可以治病。
結論	應該廢除禁止吸食鴉片的法例。

「鴉片可以治病」並非適當的事例，去作為「廢除禁止吸食鴉片的法例」的理據。

② 片面引導

當對一個事件的陳述不夠全面，遺漏或隱瞞了一些很重要的信息，造成誤導，這就是「片面引導」（suppressed evidence）。

例子

> 多年前香港科技大學的建築費用超支，負責官員備受立法會議員質疑，但該官員說：「科大的超支是可以原諒的，因為比較其他院校的建築費，它並不是高很多，例如科大每平方呎所用的錢，就跟城市大學差不多。」

這位官員隱瞞了一個很重要的信息，就是科大空曠的地方比城大多，但政府計算科大的建築面積時，卻包括了這些空地，結果誤導了大家，令人以為科大跟城大的建築費真是差不多。

③ 訴諸無知

假如我們由於沒有證據證明一個論點正確，因此推論該論點就是不正確，我們便做了錯誤的推論，犯了「訴諸無知」（appeal to ignorance）的謬誤。

前提	沒有人能證明上帝存在。
結論	上帝是不存在的。

上述論證犯了「訴諸無知」（appeal to ignorance）的謬誤。

同樣地，如果我們因為不能證明一個論點不正確，而推論它正確，也同樣是犯了這種謬誤。

前提	沒有人能證明上帝不存在。
結論	上帝是存在的。

上述論證犯了「訴諸無知」（appeal to ignorance）的謬誤。

「訴諸無知」的謬誤通常會用「科學證據」來包裝。

例子

前提	沒有科學證據證明看暴力漫畫會增加暴力傾向。
結論	看暴力漫畫不會增加暴力傾向。

即使沒有科學據證明看暴力漫畫「會」增加一個人的暴力傾向，也不能由此推論出看暴力漫畫「不會」增強暴力傾向。若要證明「看暴力漫畫不會增加暴力傾向」，便必須有正面證據。

不過在香港，法官判案時會說：「由於沒有證據證明被告有罪，所以判被告無罪釋放。」究竟法官有沒有犯「訴諸無知」的謬誤呢？這涉及香港法律「無罪假定」的原則。這是一種「寧縱毋枉」的法律精神，任何嫌犯在被判罪成前，均假設他們是無罪的，控方必須提出毫無合理疑點的證據（prove beyond reasonable doubt），才能將被告定罪。因此當法官判一個人無罪時，只代表庭上沒有足夠證據證明被告犯罪，並不表示他真的沒犯罪。

4 肯定後項

我們在第二章已解釋過甚麼是「肯定後項」的謬誤（86頁）。「肯定後項」也可被歸類為「形式謬誤」，其錯誤在於其「論證形式」之「不對確」：

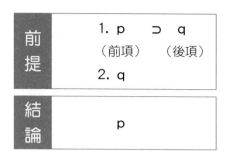

前提	1. p ⊃ q （前項）　（後項） 2. q
結論	p

例 子

前提	1. 如果你有車牌，則你滿 18 歲。 　　　p　　　　　　　q 2. 你滿 18 歲。 　　q
結論	你有車牌。 　p

年滿 18 歲也可能沒有車牌，前提「真」而結論有可能「假」，因此上述論證是「不對確」的。

第四章　謬誤剖析　151

5 否定前項

「否定前項」也是「不對確」的論證（85頁），其「論證形式」如下：

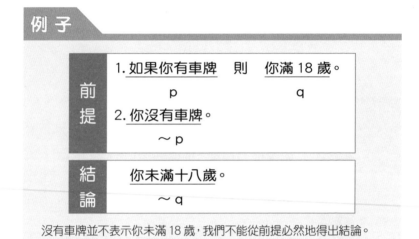

例 子

前提	1. <u>如果你有車牌</u> 則 <u>你滿 18 歲</u>。 　　　　p　　　　　　q 2. <u>你沒有車牌</u>。 　　　～p
結論	你未滿十八歲。 　　～q

沒有車牌並不表示你未滿 18 歲，我們不能從前提必然地得出結論。

「否定前項」及「肯定後項」的前提雖然跟結論相關，但前提不夠充分[1]，不能必然地推論出結論，因此被歸入「不充分的謬誤」。

6 假值傳遞

很多人以為，如果前提為「假」，結論也必然為「假」，但其實這是錯的，我們稱種謬論為「假值傳遞」。我們可以藉以下前提「假」而結論「真」的反例，去證明「假值傳遞」是謬誤：

1　在「演繹論證」中，「不充分」是指前提不能必然地推出結論，跟「歸納論證」中講的「不充分」不是同一個意思。

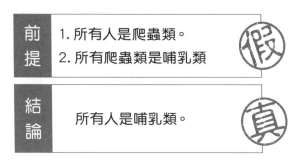

前提
1. 所有人是爬蟲類。
2. 所有爬蟲類是哺乳類

結論
所有人是哺乳類。

我們可將「假值傳遞」看成是一種「不對確」的論證，其「論證形式」如下：

前提
p ⊃ q

結論
~p ⊃ ~q

p 代表「前提為真」，q 代表「結論為真」。我們不能由「如果前提真則結論真」推論出「如果前提假則結論假」。

❼ 假因果

「假因果」（false cause）泛指我們錯把兩個事件當成有因果關係。雖然因果有時間上的先後，原因在前，結果在後，但並不表示兩個（經常）先後出現的事件，就一定會有因果關係。

「假因果」可再細分為以下三種：

1. 「**共因謬誤**」：將兩個由同一原因而產生的事件，當成有因果
關係。

例子

> 我們因為常常發現閃電在先，行雷在後，
> 便認為閃電導致行雷。

我們犯了「共因謬誤」，因為事實上閃電和行雷都是由大氣中的
「放電現象」造成的，並同時發生，只是光速比音速快，才讓人
產生了先後出現的錯覺。

2. 「**居後謬誤**」：將兩個在時間上經常一同出現的事件，當成有因
果關係。

例子

| 古代中國人在日蝕時，會敲鑼打鼓，以為可以「嚇走天狗，讓天狗吐出太陽」。 | 那麼，「敲鑼打鼓」是太陽重現的原因嗎？ |

其實日蝕只是天文現象，月球剛好運行到地球和太陽之間，遮擋了
太陽，根本沒有「天狗吃了太陽」這回事，因此「敲鑼打鼓」並不能
令太陽重現，只是古代中國人面對日蝕時會進行的習俗而已。

3.「倒果為因」：將原因和結果倒轉的謬誤。

例 子

前提	每位有用功溫習的學生，在考試中都獲得高分數。
結論	要令學生用功溫習，就要先在考試中給他們高分數。

學生是因為勤力，才拿到高分，並不是因為先有高分，才會勤力，此謬誤是將原因和結果倒轉了。

8 非黑即白

「非黑即白」在第一章討論「含混」時已提及過（24頁），意思是由「非這一個極端」推論出「另一端的極端」，忘記了兩個極端之間還有其他可能的情況。

例 子

前提	「人生有甚麼意義？」這個問題沒有客觀的答案。
結論	人生意義只是每個人的主觀選擇。

即使「人生意義」這個問題「沒有客觀答案」，我們也不能因此推論出「只有主觀答案」，因為答案有可能介乎主觀與客觀之間。

有人認為「非黑即白」等同「二分法」，以為凡使用「二分法」區分事物，就是犯了「非黑即白」謬誤。其實，只要「二分法」能夠「窮盡」被分類的事物，「二分法」本身並不會有問題，例如我將論證分為「對確」和「不對確」，由一個論證不是「對確」就推論出它是「不對確」，便沒有犯「非黑即白」的謬誤。

❾ 以全概偏

「以全概偏」（accident）並不是「以偏概全」的相反。一般來說，我們有一些做人或做事的普遍原則，但凡事總有例外，如果我們不理會這些例外的情況，而強行應用這些原則的話，就會犯了「以全概偏」的謬誤。

例 子

前提	1. 一般來說，我們有需要的時候，可以使用參考書。（普遍原則）
	2. 考試時，我們有使用參考書的需要。（例外情況）
結論	考試時我們可以使用參考書。

考試時不能翻閱書本，是人所皆知的事，不可能被「有需要時可以用參考書」的「普遍原則」推翻。上述論證便犯了「以全概偏」的謬誤。

前提	不可殺人。
結論	不可自衞殺人。

上述論證便犯了「以全概偏」的謬誤，因為「自衞」可以是「不可殺人」的例外情況。我們有「不可殺人」的道德原則，但並不表示在任何情況下我們都「不可殺人」。當日本人侵略中國的時候，難道我們也可以「不殺人」地去應戰嗎？如何可能呢？

我們很容易把「以全概偏」的謬誤跟「分稱謬誤」（division）混淆，「分稱謬誤」剛好是「合稱謬誤」的相反，由「整體」具有這樣的性質，而推論出「部分」也具有這樣的性質。

例 子

前提	一氧化碳（CO）有毒。
結論	構成一氧化碳的氧（O）和碳（C）分別都有毒。

上述論證便犯了「分稱謬誤」，很明顯，氧和碳本身都是無毒的。

4.6 不當預設的謬誤

❶ 預設結論

在一個論證中，若我們把結論預設為「真」，便犯了「預設結論」的謬誤，因為結論是有待證明的，這明顯是不恰當的「預設」。「預設結論」有兩種形式，其中之一種是「循環論證」（begging the question），在邏輯上不算是錯誤的推論，但我們卻不會接受這種推論方式，其「論證形式」如下：

p → q → r··· → p 　簡化　 p → p

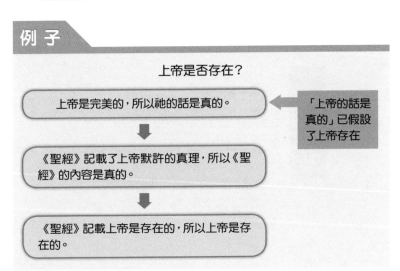

例子

上帝是否存在？

上帝是完美的，所以祂的話是真的。 ← 「上帝的話是真的」已假設了上帝存在

↓

《聖經》記載了上帝默許的真理，所以《聖經》的內容是真的。

↓

《聖經》記載上帝是存在的，所以上帝是存在的。

說「上帝的話是真的」，本身已假定上帝存在。兜了一個圈子，最後還是用「上帝存在」來證明「上帝存在」。

在邏輯上，我們當然可以由「上帝存在」推論出「上帝存在」、由 p 推論出 p，這是邏輯定律中的「同一律」，我們可用「真值表」的方法證明這個論證是「對確」的，卻不代表 p 這個論點就是「真」的，否則，我們便可以用相同的方式，去證明所有論點，因為論點跟自身必然等同。

「預設結論」的另一個形式就是前提不過是重複結論的內容，僅表達的方式不同而已。

例 子

> 有記者問政府官員：「為甚麼失業率這麼高？」
> 官員回答：「因為有很多人找不到工作。」

「失業率高」和「很多人找不到工作」其實都是同一件事，官員的回答便犯了「預設結論」的謬誤，可謂「廢答」。

❷ 混合問題

「混合問題」（complex question）是指在問題裏包含不適當的預設，令我們無論怎樣回答這個問題，都好像承認了這些不恰當的

預設。例如我懷疑某人偷了東西，但在證據不充分的情況下卻質問他：「你把偷來的東西放在哪裏？」我的問題就是「混合問題」，因為已假定他偷了東西，而這個假定明顯又是「不恰當」的。

「混合問題」最常出現在政界，尤其是敵對政黨互相質問的時候，我記得一名建制派立法會議員曾這樣質問另一名議員：「做了漢奸和英國走狗這麼多年，你對直選行政長官有甚麼看法？」不論該議員怎樣回答，都好像承認了自己是「漢奸」和「走狗」。

破解「混合問題」陷阱

我既非「漢奸」，亦非「英國的走狗」！

你做了漢奸和英國的走狗這麼多年，你對直選行政長官有甚麼看法？

不適當的預設 ＋ 問題

「混合問題」常見於詭辯中，企圖陷對方於不適當的預設結論中。我們回答「混合問題」前，必須先澄清當中不適當的預設，才能破解它。

要注意的是，並非所有含有「預設」的問題，都是「混合問題」，如果「預設」是恰當的，就不算犯了「混合問題」謬誤。

3 假兩難

「假兩難」（false dilemma）將一件事不恰當地預設了只得兩個選擇，讓人只可選擇其中一個，但事實是兩個選擇並不互相排斥，或有其他選擇存在。

例子

> 美國前總統喬治・布殊（George W. Bush）在 9・11 襲擊後，曾公開表示：「你若不做拉登（Bin Laden）的敵人，就是美國的敵人。」

喬治・布殊的講法便是一個「假兩難」，事實是我可以選擇既不做拉登的敵人，也不做美國的敵人；或者選擇既做拉登的敵人，也做美國的敵人。

「假兩難」和「非黑即白」有些相似，事實上，我們可以把「非黑即白」看成是「假兩難」的一種，也就是兩個選項雖互相排斥，但非「窮盡」所有選擇，而「假兩難」則不一定是「非黑即白」。

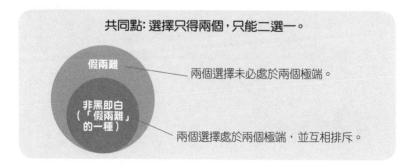

「非黑即白」與「假兩難」

共同點：選擇只得兩個，只能二選一。

假兩難 —— 兩個選擇未必處於兩個極端。

非黑即白（「假兩難」的一種）—— 兩個選擇處於兩個極端，並互相排斥。

④ 滑落斜坡

「滑落斜坡」（slippery slope）預設了一連鎖反應會發生，但事實上它會發生的機會很低，所以這個預設是「不恰當」的。

例子

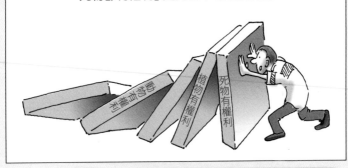

我們不可以給動物任何權利，因為：
如果動物有權利，下一步就要給植物權利；
如果植物有了權利，再下一步就要給死物權利；
「死物都有權利」是完全不可以接受的。

放心！以上連鎖反應根本不會出現。
有人會將「滑落斜坡」視為錯誤的推論，歸類為「不充分的謬誤」。但在這裏我把它劃入「不當預設的謬誤」，是因為「滑落斜坡」是否成立取決於當中連鎖反應出現的機率，若一個推論中的連鎖反應很有機會出現，便不算犯了「滑落斜坡」謬誤。

4.7 小結

本章講了二十多種謬誤，最後我想作一個小結，希望能幫助大家在實際討論中識別出這些謬誤。

正如前文所言，大部分謬誤都是錯誤的推論，但有些卻明顯不是推論，例如「自相矛盾」、「自我推翻」、「雙重標準」及「混合問題」等；有些則可以是推論，也可以不是推論，例如「離題」和「斷章取義」。

有些謬誤容易辨認，例如「肯定後項」和「否定前項」，只要我們找出其「論證形式」，又確認論者企圖做「必然性」的「演繹推論」，就可以判斷該論者犯了這些謬誤。

但有些謬誤卻不容易辨認，或者經常引起爭議，當中最具代表性的就是「雙重標準」。當有「相同事物」受到「不相同標準」對待時，只要這個「不相同標準」有「充分理由」，就不是「雙重標準」。至於何謂「充分理由」和「相同事物」，往往就是爭辯所在，例如反駁者可以爭拗所謂「相同事物」亦有不同之處，以解釋為何出現差別對待。

有些謬誤需要有相關的知識，才能辨認出來。就以「滑落斜坡」為例，我們要判斷一個連鎖反應的推論是否謬誤，取決於該連鎖反應發生的機會率有多大；我們必須具備有關議題的充分知識，

才能作出正確判斷。

要辨識謬誤，最重要還是具備「語理分析的警覺性」，只要我們提高這種警覺性，就會發現日常的言論都充滿謬誤。政府官員便經常以「這是假設性問題」為理由，拒答記者或議員質詢，只要我們有了「語理分析」的警覺性，就會問「假設性問題」到底是甚麼意思。

如果一條「假設性問題」不是「混合問題」，僅假設某個情況出現、繼而問應該怎麼辦，便不能構成推搪回答的「理由」。例如有學生問我：「如果考試不合格，怎麼辦呢？」我不可能以「不回答假設性問題」為藉口，拒絕回答學生的問題。這類說辭不過是迴避問題，我們可把它歸類為「離題謬誤」。

「離題」謬誤

官員是否有責任評論有關事件，跟此事是否「個別」或「普遍」根本沒有關係。這是「離題」！

方法（廣義）

知識

態度

生活方式

創　新　←　創　意

批判精神

組合法

轉換法

思考方法

重新界定問題

學習天才

類比思考

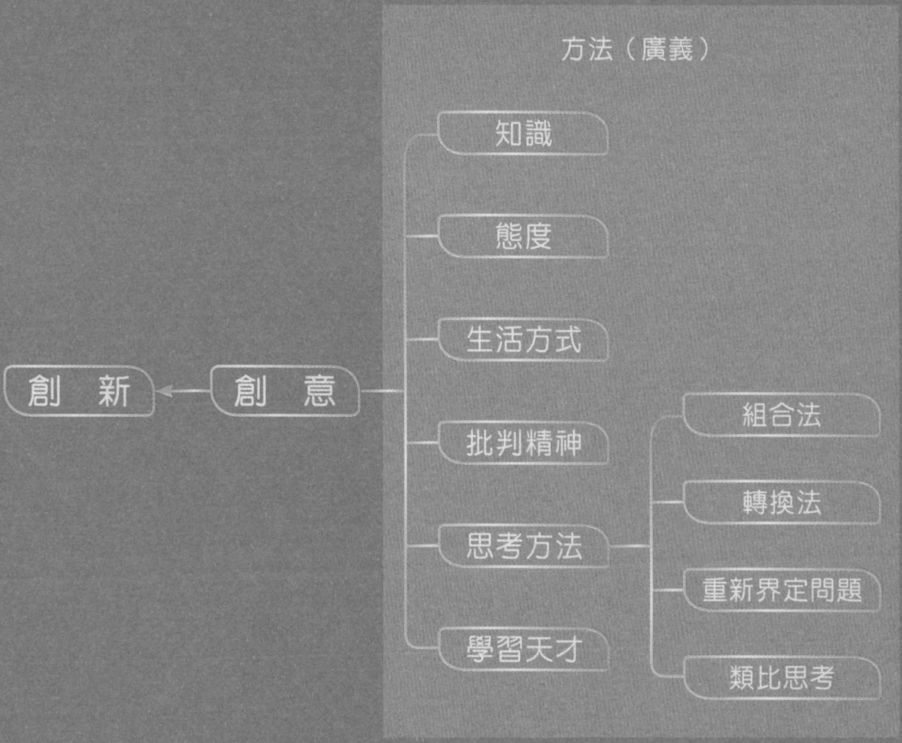

5.1 創新的目的

為甚麼我們需要創新呢？思想家創造新的學說、科學家開創新的理論、藝術家追求新的藝術、資本家不斷製造新的產品……似乎不同的領域都講求創新，但背後的原因都是一樣嗎？

就拿我們最常用的產品作例子，洗衣機、冷氣機、汽車等等發明有甚麼「意義」呢？它們主要為我們帶來舒適和方便。那麼，科學家發展新理論卻未必有實質性的成果，其創新的「意義」又在哪裏呢？就在於能夠加深我們對自然世界的認識，例如愛因斯坦創立的相對論，便能說明一些牛頓物理學不能說明的現象。

然而，藝術的創新又是為了甚麼呢？「藝術」固然是非實用的，也不像科學般能加深我們對世界的認識。不過我們可以解釋，藝術的「創新」不是「手段」，而是「目的」，藝術家是「為創新而創新」。

不同領域的「創新」都有不同的目的，可以是為了解決問題，也可以是為無聊的生活增加一點新意，但不同的「創新」都源於意念上的創新，**「創意」就是「創新」的源頭。**

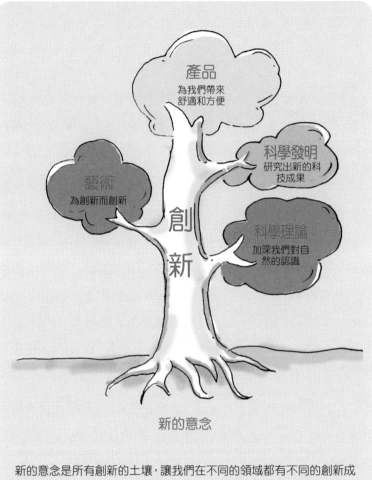

新的意念是所有創新的土壤,讓我們在不同的領域都有不同的創新成果。

5.2 創新的指引

　　要思考出新的意念，我們有沒有切實可行的途徑呢？正如導論所言，「創意思考方法」的「普遍性」並不高，它們只能提供一些指引，幫助我們思考出新的意念。

　　香港已故著名填詞人黃霑主講的「創意與創造力」講座，雖然其主題是「創意的思考方法」，但內容所講的很多方法都不是「思考方法」，而是性格或態度，例如樂觀、大膽和輕鬆等等。其實一般講述「創意思考」的學者都有這些通病，除了誇大其方法的「普遍性」，還會混淆了創意的「方法」和創意的「思考方法」。腦激盪（brain storming）、腦地圖（mind map）、六帽思考法（six thinking hats）等所謂「方法」，僅是一種做事的程序，幫助我們想出更多解決問題的可能性，嚴格來說都不是「思考的方法」。

　　在這裏，所謂「創意的方法」是取其廣義，泛指一切能夠帶來創新意念的方法，包括態度、生活方式及「思考上的方法」。其次，我會嘗試以天才為例，了解他們為甚麼具有超凡的創造力。

　　為甚麼大部分人的創意都很低呢？我認為主要原因是大部分人很多時都受「習慣」所支配、習慣用既有的方法去解決問題，沒有考慮其他可能性；另一個原因是缺乏想像力，想不出更多的可能性。

因此我認為「打破既有習慣」和「開拓想像力」應該可以提升個人的創造力。

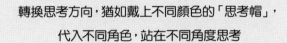

六帽思考法

轉換思考方向，猶如戴上不同顏色的「思考帽」，
代入不同角色，站在不同角度思考

「思考帽」顏色	代表意念	思考方向
白色	客觀	蒐集資料 我需要甚麼資訊？
紅色	感覺	整理感覺、直覺和預感 我喜不喜歡這個構思／計劃／人？
黃色	樂觀	進行樂觀、正面思考 有甚麼優點？為甚麼值得做？

（接下頁）

「思考帽」顏色	代表意念	思考方向
黑色	審慎	進行批判思考 是否可行？有甚麼缺點和問題？
綠色	創意	創出新意念 有甚麼新的想法？
藍色	廣闊	進行宏觀思考 主題是甚麼？目的是甚麼？

「六帽思考法」並沒有固定程序，通常第一步是戴「白色帽子」，蒐集資訊，如發現有很多「好材料」，便可以換戴「綠色帽子」，看看不同「材料」可以組合成甚麼新構思；接着可以換戴「黑色帽子」，想一想新構思是否可行，或換戴「紅色帽子」，看看自己喜歡哪個新構思，或戴回「白色帽子」，重新蒐集資訊⋯⋯

1 知識

很多講創意思考的書都太強調「想像力」的重要性，而往往忽略了「知識」的價值。

物理學家牛頓是因為看到蘋果落地而獲得靈感，創立「萬有引力定律」；化學家柯庫勒（August Kekulé）是因為夢見蛇咬住自己的尾巴，而想到苯的分子結構；古希臘先賢亞基米德（Archimedes）是因為洗澡時忽發奇想，而想到「浮體原理」（Archimedes' principle）。不錯，上述科學家都因為富有「想像力」，而有所啟發，但他們之所以能夠創新，主要還是因為他們在各自的領域擁有深厚的知識，日以繼夜地思索有關問題，所謂「靈感」不過是長年累月積累的成果。如果沒有相關領域的豐富知識，又怎能知道甚麼是創新、甚麼不是創新、怎樣才算是「成功的創新」呢？

除了專業知識,「通識」亦有助增長創意,因為知識越多,能夠產生的組合亦越多,越容易有所創新。

知識是創意思考的重要基礎

想像力

創新思考

專業知識

通識知識

「通識」的內容並不固定,因人而異,例如物理學知識對歷史學家而言是「通識」,但對物理學家而言便不是「通識」。我們可以把「通識」理解成一個人擁有其「專業知識」以外的知識。

知識越豐富,能夠產生的新組合便越多。

② 態度

有些人會將創意視為「靈感」,認為它是突如其來的,但一些潛意識理論則認為,所謂「靈感」並非真的突如其來,而是潛意識工作的「成果」,只是我們不自覺而已。當我們處於輕鬆狀態時,潛意識會特別活躍,因此保持輕鬆將有助「靈感」的出現和增長創意。

姑勿論上述說法是否成立，輕鬆的態度的確有助增強我們的創意，不過當我們要做批判思考時，仍要採取嚴謹、懷疑的態度，不能太過輕鬆和隨意。

簡言之，**批判時要嚴謹，創新時要輕鬆**。除了輕鬆之外，樂觀的態度、好奇心和開放的心靈亦有助創意的增長。

讓創意自由「飛翔」的態度

「開放」和「樂觀」猶如「尾翼」，讓我們的創意思考保持平穩；「輕鬆」和「嚴謹」猶如「機翼」，讓我們的創意「一飛沖天」。

❸ 批判精神

雖然說我們創造新意念的時候，宜採取輕鬆的態度，忌過早批判新意念，以防扼殺創意作進一步發展，但這並不表示批判[1]精神對「創新」沒有任何幫助。批判現有事物往往能迫使我們尋求新的突

1　這裏所講的「批判」是取其廣義，並不限於批判的思考方法。

破，例如我們批評現有產品，指出其缺點，便能促使新的改良產品出現。

批判科學理論的情況也一樣，科學家不斷做實驗的目的，就是試圖推翻已有的科學理論，當這些反例越來越多的時候，就會迫使科學家開創新的理論，來說明這些反例。藝術的情況亦一樣，就是因為過去人們批評「藝術」不應只是模仿現實，才迫使藝術家尋找新的可能性，結果出現了非寫實的抽象藝術。

總而言之，**批判能顯示不足之處及問題所在，迫使我們尋求新的發展**。我們也可以這樣說，一個缺少批判精神的人，多數是缺乏創新動力的人；一個缺少批判精神的文化，亦多是缺乏創造力的文化。

就以中國文化為例，本來我們在春秋戰國時期甚具創造力，諸子百家學說並起，批判精神讓各家思想自由發展。可是儒家被定為一尊後，孔孟之學便被視為千古不變的真理，批判精神從此消失，直到兩千多年後的清末，仍沒有甚麼新思想出現。佛學是由外地傳來的，東漢哲學家王充的批判精神也只是一個異數。

相對而言，西方文化卻完全不同，亞里士多德所說的「吾愛吾師，吾更愛真理」，正表達出西方文化中不盲從傳統和權威的批判精神，因此西方文化能不斷從批判中產生新的思想。

❹ 生活方式

「受習慣支配」和「缺乏想像力」是一般人缺乏創意的主因，而兩者又往往互為因果：由於長期因循於習慣，結果導致想像力貧

乏；由於缺乏想像力，結果只好繼續依賴習慣。很多講創意思考的書都強調要「打破既有生活習慣」，例如改乘平日少用的交通工具、看平時不看的電影、閱讀平時不讀的書等，目的是讓我們接受新刺激，引發我們思考出新意念。

我們也可多看畫展和電影、多聽音樂、多閱讀文學作品，去直接提高想像力，因為藝術提供了很大的想像空間，當我們欣賞藝術品時，便可發揮想像力。以上所講的方法其實只是改變生活方式，並不是「思考方法」，其「普遍性」亦不高，對甲有效時，未必對乙有效。

❺ 思考方法

能夠帶來創新的「思考方法」主要有兩種，分別是「**組合法**」和「**轉換法**」。另外還有兩種，一種是「**重新界定問題**」，另一種是「**類比思考**」。

如果我們留意一下身邊的事物，便會發現很多都是兩種或以上東西的組合，例如「隨身聽」便是「聽音樂」和「散步」的組合，擦膠頭鉛筆是「鉛筆」和「擦膠」的組合，不過兩者的分別在於前者成功、後者失敗而已。由於「組合」能帶來「創新」，很多教授創意思考的書籍都強調讀者要多做「練習」，經常隨意把兩種不相干的事物組合起來，並稱「練習」做得越多，想像力也會越豐富。

以「飛機」和「紙」為例，可能的組合便有「紙飛機」、用紙造的「真飛機」、飛機圖案的「廁紙」、飛機形狀的「紙燈籠」、飛機形狀的「信紙」、買紙送「飛機」……在列舉過程中，不要怕結果荒謬

而影響想像，因為過早的批判有礙創意的發展，況且很多發明都是由看似荒謬的組合開始的，我們可以待下一步才修改這些荒謬的想法，達致有用的意念。

另外，「量」亦是創意一個很重要的因素。**量多不但是想像力豐富的表現，也是創新能否成功的條件之一**，很多發明家之所以成功，就是因為他們的意念夠多。假設發明家有 1,000 個意念，當中只有 10 個是有用的；而這 10 個有用的意念中，可能只有一個真正受歡迎，能夠賺錢；那麼只要這個發明家的意念越多，成功的機會就越大。

「轉換法」是另一種創新的思考方法，手提電話、電視、相機、電腦等商品很多時使是靠轉換顏色、形狀、尺碼或質料等元素，去推出新產品、進行「創新」。我認為在諸多元素中，以**轉換「用途」是最具創意的**，往往能獲得意想不到的成功。就以《莊子》「不龜手之藥」為例，故事主人翁得悉宋國有一戶人家，其家傳祕方可防止染布工人的雙手龜裂，於是向這家人買下藥方，獻給吳王，讓吳王把這種藥用於軍事上，使吳兵不會凍傷手腳，在水戰中大敗了越兵。主人翁因為懂得改變藥的用途，最後獲吳王封侯，獲得了更大的利益。

無論是「組合法」還是「轉換法」，都旨在幫助我們得出更多的可能性，但它們都偏重「創造新事物」，難以應用於解決問題之上。

我們缺乏解決問題的「創意」，很多時是因為我們的思維習慣受限制。要打破這種習慣，其中一種方法就是重新界定原有的問

題。「新」的問題能夠引導我們想出更多可能的辦法，從而增強我們解決問題的能力。

　　以司馬光打破水缸救人的故事為例，各人為了拯救跌進水缸中的小孩，都想出不同的方法，有的說要跳進水缸把小孩救出來，有的說用繩子把小孩拉上來，有的則說用梯子⋯⋯但無論是哪種辦法，都受制於「如何親手把小孩救出」的思維習慣。司馬光的機智在於沒有局限自己的思維，他用石頭打破水缸救人，根本毋須「親手」把小孩救出。「重新界定問題」有助我們擺脫思維的習慣，發展更多的可能性。

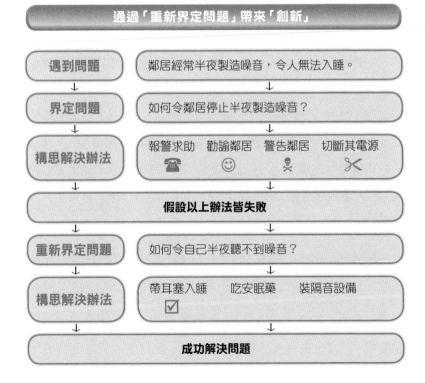

「類比思考」即是「類比推論」，是「歸納推論」的一種，也是創新的一種方法。例如中國工匠師祖魯班發現有鋸齒形狀的葉容易弄傷人，於是他便作出「類比思考」，認為鋸齒形狀的金屬片將具有更大的威力，結果發明了「鋸」這種工具。

⑥ 向天才學習

人類歷史上的重大改變很多都是由天才帶動的，例如開創現代物理學的愛因斯坦、創造現代藝術的畢加索、分析哲學的奠基人維根斯坦（Ludwig Wittgenstein），他們都是天才。但天才之所以是「天才」，很大程度都是與生俱來的，我們難以「學習」他們天生的才華，例如我們便難以學到莫札特的作曲「靈感」從何得來。

不過有些天才則不同，他們之所以比一般人有更大的創造力，是因為他們懂得如何訓練自己。我們或多或少可以學習他們的訓練方法。我認為最有學習價值的天才，首推文藝復興時期的達文西（Leonardo da Vinci），他不但是藝術家，也是科學家和發明家。在繪畫上，他的畫作如《最後晚餐》和《蒙羅麗莎》都是藝術的瑰寶，並且在藝術史上具有重大的創新意義；在科學研究上，無論是解剖學、植物學、地質學還是物理學，他都有重大的貢獻；在科學發明上，他亦設計過飛行機器、直升機、降落傘、坦克車、機關槍、迫擊炮和潛水艇等（雖然這些設計在當時都沒有成功製造出來）。由此可見，無論在藝術上、科學上還是發明上，達文西都具備非凡的創造力。

我認為達文西屬於「博學型」的天才，他的驚人創造成果主要

源於他擁有廣泛的知識，而他之所以能夠不斷學習、不斷探究，有三點我認為是非常重要的：第一是「好奇心」，第二是「實證原則」，第三是「感受能力」。

1. 好奇心

也許大家會認為好奇心是天生的，只不過有些人多些，有些人少些，但事實是人類先天之間的差別其實不大，我們的差異主要由後天造成。

「發問」是好奇心的最主要元素，兒童便總是碰到甚麼都喜歡問「為甚麼」，充滿好奇心。可是當我們進入學校後，就被迫接受「答案」比「問題」重要的觀念，甚至要以「老師的答案」為標準，久而久之就會失去好奇心。

達文西比我們優勝的地方，是他懂得如何培養好奇心，無論是解剖還是繪畫，他都會以三個不同的角度來進行。他喜歡隔一段時間就從不同的角度（例如鏡中的反像）再次審視自己的作品，還隨身攜帶了一本筆記簿，將剎那間的問題、觀察、想法甚至笑話一一記下。這種自由的思考探索，能擴展我們的視野，不過現代生活十分忙碌，常迫使我們尋求確定的結論，實在不利我們效法達文西的這種習慣。

前面提過，要有效解決問題，往往需要重新界定問題，或者換一個問法，好奇心便能驅使我們從不同的角度去提出問題。不要因為自己的問題幼稚或簡單，就忽略它，達文西的提問也很簡單，例如他曾問：「為甚麼天空是藍色的？」就是這種好奇心

令達文西終其一生，不斷發問，也不斷學習。

2. **實證原則**

文藝復興對後世的影響之一，就是打破很多中世紀遺留下來的宗教教條和成見，讓知識植根於我們的經驗證據。達文西就**是基於這種實證原則，去追尋知識**，例如他會親自解剖人的屍體，以獲得有關人體結構的知識；當所有人都相信山上的化石和貝殼是《聖經》中大洪水的沖積物，達文西卻發現這些化石和貝殼並非同一年代的骸骨，質疑「大洪水」的說法。事事講求經驗證據的達文西，對當時的煉金術和占星術都作出了嚴厲的批判。

從「經驗」中學習，即是從「失敗」中學習，達文西畫《最後晚餐》時，就嘗試研發新顏料，讓顏料可以固定在牆壁上。雖然結果失敗了，但正由於他重視經驗，能從錯誤中學習，因而能夠在繪畫上獲得很大的突破。又例如他對陰影的觀察，令他創造出「暈塗法」（sfumato）的繪畫手法，著名的《蒙羅麗莎》就採用了這種畫法，刻意將人物的嘴角和眼角朦朧化，令它們消融在柔和的陰影中，造成蒙羅麗莎神祕微笑的效果。對應上一節所講的批判精神，我們可以將「實證原則」視為批判的標準，任何知識或發明必須通過驗證才成立。

3. **感受能力**

如果說「好奇心」能令我們不斷探索和創造，**「經驗」就是我們用來衡量這些知識和創造是否有效的標準**。「經驗」是靠我們

的感官接觸外界而得來的，如果我們有敏銳的感官，我們的感受能力就會提升，換言之，便可得到更豐富的經驗。

雖然達文西通過觀察和大量的速寫，特別着重鍛煉視覺的能力，並且宣稱繪畫比音樂高超，視覺優於聽覺（音樂家一定不同意），但他其實也非常重視聽覺的訓練，還能吹奏笛子和彈奏里拉琴（lyre）。除了視覺和聽覺之外，達文西也訓練自己的觸覺、味覺和嗅覺，他喜歡穿質料上乘的衣服，從中感受天鵝絨和絲的觸感；他喜歡烹飪，品嚐美味的食物；他的工作室也充滿香水和鮮花的香氣。比起視覺、聽覺、觸覺和味覺，嗅覺似乎最沒有實用價值，但比其他感官都有優勝之處。嗅覺最能喚起深層記憶，這種深層記憶往往伴隨着獨特的感受。

可是我們生活在現代社會，走在五光十色的街道上，已經眼花繚亂，加上四面八方的各種噪音，太多的刺激反而會令我們的感官變得麻木。要訓練我們感官的敏銳性，就要花時間做集中注意力的訓練，例如傾聽純音樂，注意聲音大小高低的變化，靜心觀看自然風景等。

也許達文西離我們太遠了，讓我舉一個當代的創意天才作例，他就是 2011 年離世的蘋果公司創辦人喬布斯（Steve Jobs）。雖然他是電腦產品的發明家，但我認為他也是一個十足的藝術家：他根本就不理會市場，只專注於自己的創作，他的設計不但具原創性，而且美觀簡約。微軟創辦人蓋茲（Bill Gates）就不同，他會做很多市場研究，但領導市場的還是喬布斯。除了「專注」這個因素之外，又

有甚麼原因令喬布斯有那麼多創意呢？其中一個答案就是「冥想」，
跟自己的潛意識交流，從中得到靈感和啟發。

方法	實踐	目的
保持好奇心	不斷發問，不斷學習	讓自己不斷探索和創造
堅持「實證原則」	從經驗中學習	不斷追尋知識
強化感受能力	強化視覺、聽覺、味覺、嗅覺，做集中注意力的訓練	獲得更豐富的經驗

5.3 小結

　　記得三十年前，筆者還是中學生，政府當局開始提倡「批判思考」，但從來沒有弄清楚「批判」的目的和思考的方法，結果政策淪為近乎口號式的宣傳。到三十年後的今日，中學通識科要推行「批判思考」，仍然是一片混亂。

　　由於經濟轉型，加上政府提倡創意思考，香港越來越重視「創意」，2009 年政府便成立了一個「創意辦公室」，不過現在回看，這個辦公室似乎未有產生出甚麼有價值的「創意」。2015 年特首梁振英又成立了一個「創新及科技局」，負責「創新」科技，但「創意產業」如服裝設計仍由商務及經濟發展局負責，理由是「設計」只是創意（creativity），不是創新（innovation）。

　　正如本文所說，任何「創新」都源於「創意」；特區政府將「創新」僅限於科技，否定設計有「創新」的價值，反映其思考有誤，並且過份崇拜科技，或難有真正的「創新」出現。

　　另外，坊間有很多吹噓「創意思考」的課程，誇大某些「創意思考方法」的效果，例如聲稱多聽音樂便能培養「創意」。我要重申，所謂「創意思考方法」的「普遍性」並不高，盲目提倡「創意思考」，便可能出現輕視學習、貶低知識價值的惡果。要真正提升創意，我

們必須有豐富的知識作為基礎。

　　除此之外，「自由」對創意也是十分重要的。回顧香港過去一個世紀，以七十年代最富創意，當年的電視、電影行業便不斷勇於創新，嘗試新事物，這些都與當年自由開放的風氣息息相關（當然，背後還有很多其他因素）。再看看今日的香港，無論是政府、大學、公園，甚至商場，都制定了很多不必要的限制，例如有些公園竟然禁止遊人寫生！

　　「限制」是創意的敵人，「自由」才是培養批判和創造的母體。人要有自由，才能充分發展潛能，社會才具「創造性」；一個社會要有自由，才容得下批評，才能發掘真理。

「創意」的「敵人」和「基石」

「限制」是「創意」的敵人；「自由」和「批評」是「創意」的基石。

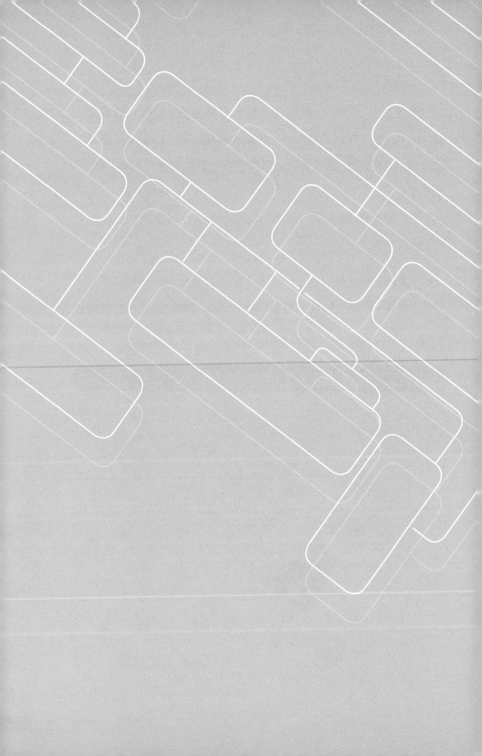

第六章
總結及補充

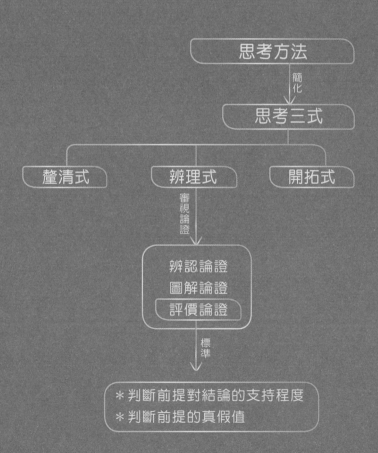

思考方法

簡化

思考三式

釐清式　　辨理式　　開拓式

審視論證

辨認論證
圖解論證
評價論證

標準

* 判斷前提對結論的支持程度
* 判斷前提的真假值

首先，我想用李天命的「思考三式」，來總結以上各章所講的「思考方法」。[1]「思考三式」是三種提問的方式，分別是「釐清式」、「辨理式」和「開拓式」。它們分別提出關於「意義」、「理據」和「可能性」的問題：

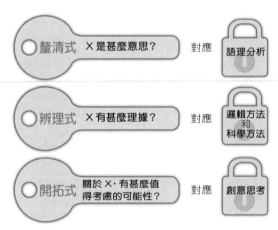

X：任何論題或其涉及的言辭

我們在適當的時候提出上述三條問題，將有助提升思考能力。

「釐清式」為「思考三式」中的「起首式」，即「語理分析」的思考進路。 所謂「語理分析的思考進路」就是指我們思考某個問題或言論時，首要的工作便是釐清這個問題或言論的意思，然後作進

1　見李天命：《哲道行者》，154-156 頁。

一步的處理。問題或言論經過釐清後，我們可能會發現有些問題或言論毫無（語文上的）意義可言，面對這些沒有意義的言論時，我們便可以置之不理。

「辨理式」要辨別的是一個言論的**「理據」**。我們可以把一個用某些理據去支持某個主張的言論，視為一個論證的過程，那麼當中的主張是就「結論」，理據就是「前提」。

前文提及過論證分為「演繹論證」和「歸納論證」兩種，正確的「演繹論證」叫做「對確論證」，不正確的則叫做「不對確論證」。從「演繹論證」的角度看，所有「歸納論證」都是「不對確的」。在「歸納論證」中，如果前提對結論有充分支持，叫做「強的歸納論證」；如果前提對結論的支持不充分，則叫做「弱的歸納論證」。如果「對確論證」的前提「全真」，叫做「真確論證」；若有前提為「假」則是「不真確論證」。如果「強的歸納論證」的前提「全真」，叫做「有說服力的論證」；若有前提為「假」則是「沒有說服力的論證」。

論證分類總覽

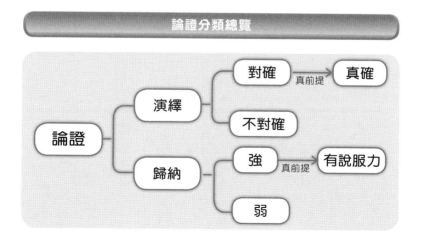

「**開拓式**」**要求我們思考出更多可能性**，主要取決於我們的「想像力」。不過，無論我們的想像力如何豐富，有邏輯矛盾的事情是絕對不可能出現的，例如畫有四隻角的三角形、單手拍掌等等。坊間一些教授創意思考的書籍，往往忽略了這一點。

另外，有些事雖然沒有邏輯矛盾，在「邏輯上」可能，但在「經驗上」卻不可能，違反了目前的科學理論。例如造一艘比光速快的太空船，便是「經驗上不可能」，因為根據相對論，沒有東西的移動能快過光速。

我們還要考慮技術上的可能性。假設我們計劃探訪另一個星系，雖然「經驗上」可能，但由於現今技術仍未做到，所以是「技術上」不可能。

如果某件事是「邏輯上」不可能，就一定是「經驗上」不可能；如果是「經驗上」不可能，就一定是「技術上」不可能。反過來說，如果某件事「技術上」可能，就一定是「經驗上」可能；如果是「經驗上」可能，就一定是「邏輯上」可能。只要我們了解到不同層次的可能性，便能有助於「創意思考」，不會枉花時間和精力去研究回到過去的時光機。

6.2 辨認論證

以上各章談及「論證」時，前提和結論均標示得十分清楚，但我們現實中討論或閱讀文章時，當中的論證往往是隱藏的，我們需要把它們找出來，才能作「批判思考」，但要如何找呢？

我們可以先檢查一個言論中有沒有「論證指標」（argument indicator），它們可以顯示論證的存在。「論證指標」有兩種，一是「前提指標」，二是「結論指標」。「因為」、「由於」、「理由」、「根據」等都是「前提指標」，「所以」、「因此」、「故此」等則是「結論指標」。

例子

前提指標　　　　　　　結論指標
由於　死刑是不人道的　，　所以　死刑應該被廢除。
　　　　前提　　　　　　　　　　結論

⬇

| 前提 | 死刑是不人道的。 |
| 結論 | 死刑應該被廢除。 |

但一個言論沒有「論證指標」並不表示論證不存在，我們可以分析言論中的命題之間，有沒有「推論關係」。

死刑是不道德的，死刑會給罪犯的家人帶來痛苦。
命題一　　　　　　　　命題二

雖然這段文字沒有「論證指標」，但我們發現「命題二」可以支持「命題一」，因此論證是存在的：

前提	死刑會給罪犯的家人帶來痛苦。
結論	死刑是不道德的。

沒有「論證指標」不表示沒有論證，但有「論證指標」亦不保證論證存在。

前提指標
地面濕滑，因為天在下雨。

雖然「因為」是「前提指標」，但在這裏「天在下雨」不是理由或前提，「地面濕滑」也不是結論，兩者不是「推論關係」，而是「因果關係」，「天在下雨」是原因，「地面濕滑」是結果。「天在下雨」解釋「地面濕滑」為甚麼會發生，不是證明「地面濕滑」成立。

6.3 圖解論證

前文所述的論證都很簡單，但論證有時可以很複雜，因為前提和結論可以有不同的組合方式。以下將介紹幾個基本的組合方式。

① 一個前提支持一個結論

這是最簡單的組合，前一節的兩個例子都屬於這種組合。

② 多個前提結合起來，才足以支持一個結論

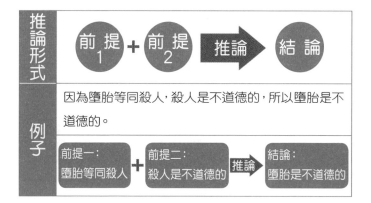

❸ 多個前提各自獨立地支持同一個結論

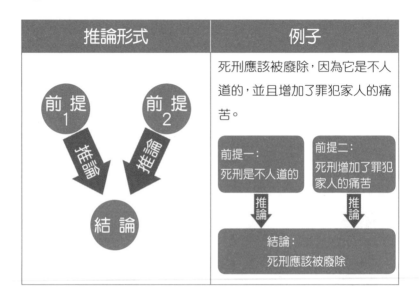

推論形式	例子

死刑應該被廢除，因為它是不人道的，並且增加了罪犯家人的痛苦。

前提一：死刑是不人道的

前提二：死刑增加了罪犯家人的痛苦

結論：死刑應該被廢除

❹ 存在「中途結論」

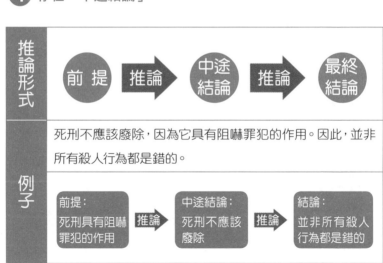

推論形式

前提 → 推論 → 中途結論 → 推論 → 最終結論

例子

死刑不應該廢除，因為它具有阻嚇罪犯的作用。因此，並非所有殺人行為都是錯的。

前提：死刑具有阻嚇罪犯的作用 → 推論 → 中途結論：死刑不應該廢除 → 推論 → 結論：並非所有殺人行為都是錯的

當一個論證十分複雜時，「圖解論證」便可以幫助我們弄清楚論證的結構，方便我們作分析和評價。

例子

「圖解論證」三部曲

步驟	例子
一 用數字標示各命題	自殺是錯的，因為自殺會令家人傷心。由 ①　　　　　　　　　　② 於安樂死是自殺，所以安樂死也是錯的。 　　③　　　　　　　④ 醫生的職責是救人，不是協助別人自殺， 　　　　　　⑤ 這是另一個反對安樂死的理由。
二 找出「前提指標」和「結論指標」	前提指標　　　　　　　　前提指標 自殺是錯的，因為自殺會令家人傷心。由 ①　　　　　　　　　　② 　　　　　　　　結論指標 於安樂死是自殺，所以安樂死也是錯的。 　　③　　　　　　　④ 醫生的職責是救人，不是協助別人自殺， 　　　　　　⑤ 這是另一個反對安樂死的理由。

步驟	例子
三 用「→」 表示命題 之間的推 論關係	 a.「因為」是「前提指標」,由此可知「命題二」支持「命題一」 b.「由於」是「前提指標」,「所以」則是「結論指標」,由此可知「命題三」支持「命題四」;但當我們檢視內容時,會發現「命題三」需要結合「命題一」,才能推論出「命題四」。 c.「另一個反對安樂死的理由」顯示「命題五」能獨立地支持「命題四」。 經過以上分析,我們知道「安樂死也是錯的」(命題四)才是最終結論。

6.4 評價論證

評價一個論證主要有兩個步驟：

1. 判斷前提對結論的支持程度

「演繹論證」的「對確性」可憑其「論證形式」來判斷，而「歸納論證」的「強弱」就要通過審視論證的具體內容，才能作出判斷。

2. 判斷論證前提的「真假值」

不同命題有不同的判斷方法。當我們面對一個「分析命題」時，單憑分析命題的意義就可判斷其「真假值」；至於「事實命題」則要訴諸經驗證據；「價值命題」則要提出理據。

這兩個步驟是獨立的。當我們做第一步的判斷時，並不需要知道前提的「真假值」，我們可假設前提為「真」，然後看它對結論有多大的支持、即結論為「真」的機會有多大。

如果我們做第一步時，已發現前提對結論毫無支持，就不需要做第二步，因為即使前提為「真」，也跟結論的「真假值」不相干。這樣便可以省卻不少工夫，因為要判斷命題的「真假值」，有時需要花很多時間。

第一步 判斷論證強度	第二步 判斷前提的「真假值」	論證的性質
最強（對確）	真	真確
	假	不真確
強	真	有說服力
	假	沒有說服力
弱	真	
	假	

論證強度

前提對結論的支持程度，相等於論證本身的強度。當前提對結論的支持程度達最強的 100% 時，便反映論證「對確」：如果前提為「真」，結論必然為「真」。

例子

前提	1. 殺人是不道德的。 2. 墮胎是殺人。
結論	墮胎是不道德的。

這是「對確論證」，因為其「論證形式」是對確的。我們可以用 K 代表「殺人」，I 代表「不道德的行為」，A 代表「墮胎」，便會得出以下的「論證形式」：

前提	1. 所有 K 是 I。 2. 所有 A 是 K。
結論	所有 A 是 I。

我們可用范氏圖解證明其「對確性」(見 58-60 頁)。

論證的「強弱」必須訴諸論證的內容。如果論證「不對確」，其強弱也可以有不同的程度，以 0% 代表「前提對結論沒有任何支持」。

例子

前提	自殺是不自然的。
結論	自殺是不道德的。

前提中「不自然」的意思並不清楚，有待釐清；即使我們可以判斷甚麼是「不自然」，但為甚麼「不自然」就是「不道德」呢？例如試管嬰兒便是「不自然的」，戴眼鏡在某種意義上也可以是「不自然」，難道這些都是「不道德」嗎？以上論證中的前提對結論毫無支持，犯了「訴諸自然」的謬誤。

在 0% 至 100% 之間，論證的強弱有着不同的程度。

例子

前提	二手煙會導致肺癌。
結論	**應該禁止在公眾地方吸煙。**

此論證是「不對確」的，因為我們可以只同意前提，而不同意結論，比方說，我可以辯解即使二手煙會導致肺癌，但人們在公眾地方還是有很多不同的方法，去避免吸入二手煙的。不過，我們亦可以爭論，前提對結論仍有很大程度的支持。

如果「對確論證」的前提為「真」，便是「真確論證」，其結論亦必然為「真」；如果「對確論證」的前提為「假」，便是「不真確論證」。

例子

前提	1. 殺人是不道德的。 2. 墮胎是殺人。
結論	**墮胎是不道德的。**

以上論證雖然「對確」，但就未必「真確」，因為我們可以辯解胎兒並不是「人」，那麼「前提二」便不是「真」的。

如果一個「強的論證」的前提為「真」，就是「有說服力的論證」，如果前提為「假」，就是「沒有說服力的論證」。當然，強弱有不同的程度，說服力亦有大小之分。

如何用圖解去評價一個論證？

第一步

用數字標示各命題

如果死刑是合理的，那麼並非所有殺人行為都是
❶
錯誤的。不過，由於死刑並不合理，因此所有殺人
❷
行為都是錯誤的。為甚麼死刑不合理？因為刑罰的
❸
目的是要令罪犯改過自新，死刑並沒有阻嚇作用，
❹　　　　　　　　　**❺**
而且亦不人道。
❻

註：「為甚麼死刑不合理？」是問句，由於問句沒有「真假」可言，因此並非命題，不需作標籤。

第二步

找出「論證指標」

如果死刑是合理的，那麼並非所有殺人行為都是
　　　　　前提指標　**❶**　　　結論指標
錯誤的。不過，由於死刑並不合理，因此所有殺人
❷
　　　　　　　　　　前提指標
行為都是錯誤的。為甚麼死刑不合理？因為刑罰的
❸
目的是要令罪犯改過自新，死刑並沒有阻嚇作用，
❹　　　　　　　　　**❺**
而且亦不人道。
❻

第三步

畫出命題間的推理關係

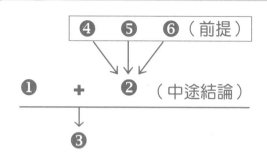

④、**⑤**、**⑥** 是 **❷** 的前提。

❶ 和 **❷** 是 **❸** 的前提。

第四步

評價論證的強度

整個論證涉及四個推論。

1. **④** 刑罰的目的是要令罪犯改過自新 → **❷** 死刑並不合理

   前提對結論的支持度很高，因為死刑把罪犯殺死後，人都死了，又何來「改過自新」呢？

2. **⑤** 死刑並沒有阻嚇作用 → **❷** 死刑並不合理

   前提對結論的支持度不高，因為即使死刑沒有阻嚇作用，我們也可以辯稱刑罰的合理性視乎罪行的嚴重性而定，一般來說，罪行越嚴重，刑罰就越重；殺人是嚴重的罪行，所以必須有死刑。

（接上頁）

3. ❻ 死刑不人道 → ❷ 死刑並不合理

   首先要釐清「不人道」的意思。若「不人道」的意思是「殘忍」，前提對結論就有一定支持。

4. ❶ 如果死刑是合理的，那麼並非所有殺人行為都是錯誤的

   + ❷ 死刑並不合理

   → ❸ 所有殺人行為都是錯誤的

以上論證的形式如下：

前提	1. 如果 A，則 B。
	2. 非 A。

結論	非 B。

   A：死刑是合理的
   B：非所有殺人行為都是錯誤的

根據2.6章的例子(85頁)，上述「論證形式」是「不對確」的，因此這是「不對確論證」。

相對命題 ❸ 來說，命題 ❶、❷、❹、❺、❻ 都是前提。

❹ 刑罰的目的是要令罪犯改過自新

這是有爭論的，因為亦有人主張刑罰的目的是維持「公平」、即「罪有應得」。

❺ 死刑並沒有阻嚇作用

我認為此句是「假」的，死刑有一定的阻嚇作用，因為大部分人都怕死，但作用有多大，便可能因時地而不同。

此乃「事實判斷」，原則上我們可以驗證其「真假值」，例如我們可以比較同一個地方，廢除死刑之前和之後的謀殺率有沒有改變，或比較有死刑和沒有死刑的地方的謀殺率是否有不同。

❻ 死刑不人道

如果將「不人道」解釋為「殘忍」，我認為這句話的真假便決定於執行死刑的方法，例如絞刑、火燒、斬頭便是「不人道」，打毒針便會比較「人道」。

❷ 死刑並不合理

我們知道命題 ❷ 得到命題 ❹ 很高的支持、命

（接上頁）

題 ❻ 一定的支持，以及命題 ❺ 很小的支持。如果命題 ❹「刑罰的目的是要令罪犯改過自新」是「真」的，命題 ❷ 的可信性就會很高。

我們上述已指出刑罰的目的具有爭議性，但仍可以辯稱刑罰可以有很多目的，令罪犯改過自生是其中一項，這樣我們便可判斷命題 ❹ 是「真」。

但我們同時亦要考慮相反的論據，例如從「罪有應得」的角度看，死刑便是「合理」的。

❶ 如果死刑是合理的，那麼並非所有殺人行為都是錯誤的。

只要我們了解「合理」意味「並非錯誤」，便可判斷這句話為「真」，並且是「分析判斷」。

第六步

評估結論的可信性

命題 ❶ 為「真」，命題 ❷ 亦有一定可信性，但 ❶ ＋ ❷ →❸ 這個論證卻是「不對確」。換言之，前提對結論的支持並不充分，因此「所有殺人行為都是錯誤的」的結論，可信性並不高。

對「思考方法」的誤解

在這裏我想簡評一些對「思考方法」的誤解。

第一，是不理解「方法」的意義。例如有人認為「語理分析」由李天命所提出，是他的「招牌」，跟他一樣講「語理分析」就沒有新意，也沒有價值。

其實「語理分析」作為「方法」，只需考慮其「普遍性」能否達到預期目的便可，由誰提出來根本不重要。打個比喻，現在有人發明了一種更快的游泳方法，若你想游得快，就要學習這種方法，根本不需要自創另一種新泳法（除非可以游得更快）。盲目追求獨特性不過是自我中心的表現，而當年納粹黨硬要發展所謂「德國物理學」，則是「我族中心」的表現。

第二，是教育界對「思考方法」的誤解。這又可以分成兩種情況，第一種較為「學術性」，例如教育學者 John McPeck 在 *Critical Thinking and Education* 一書中指出，根本沒有具「普遍性」的思考方法，因為每一個學科都有其特定的內容，也有其判定知識的標準，我們必須先具體學習某個學科的知識，才能掌握其「思考方法」。

即使不同學科有不同的內容和知識標準，但亦不能由此推論出「具普遍性的思考方法」並不存在。正如每一場演講都有不同的特定的內容，但並不表示「具普遍意義的演講技巧」便不存在。數學講的「證明」固然不同科學的「證明」，科學的「證明」亦有異於法律的「證明」，不過，若這些學科講的內容犯了語害或謬誤，也勢必同樣遭到批判。再者，不同學科之間亦非互相獨立，例如法律必須預設科學的知識，科學又假定了數學的知識，而數學則建基於邏輯之上。「思考方法」具有最大的普遍性，當然可以應用到其他學科，但若不先好好學習「思考方法」，或是一知半解，就會產生很多誤解和誤用。

　　此外，根據上述學術界的看法，我們根本不需要把「思考方法」獨立成科，因為只需透過學習每個學科，即可同時學到「思考方法」。這種想法對教育界有很大的影響力，即使教育界認為也有普遍的「思考方法」可教授學生，但由於對「思考方法」的輕視，產生了很多誤解，包括「思考方法」的內容。

　　就以香港為例，新高中課程在中文科和通識科都包含了「批判思考」的元素，但所教授的「思考方法」內容，卻錯漏百出，例如多本教科書便將論證分為「舉例論證」、「引用論證」、「比喻論證」、「類比論證」、「對比論證」、「演繹論證」和「歸納論證」，懂邏輯的人一看就知道這是將論證胡亂分類，是外行人寫的。讀過邏輯的人都應該知道論證分為兩大類，就是「演繹論證」和「歸納論證」，「類比論證」是「歸納論證」的一種，而「比喻」根本就不是「論證」，只能用來說明清楚論點，讓人易於了解，不能用來支持論點，否則

就會出現謬誤。這些教科書更說「演繹論證」的前提之一必須是「普遍原理」，這顯然是錯誤的，因為「演繹論證」也可以由「個別」推論出「個別」（見 98 - 99 頁），不一定要由「普遍」推論出「個別」。這些對「思考方法」的誤解和誤用，正反映出當局其實並不重視「思考方法」，因為這些教科書都經過局方審核。在其他學科的老師亦不太認識「思考方法」的情況下，實在有必要以獨立學科來教授「批判思考」。

　　第三，以為掌握「思考方法」就能窮盡批判思考的內涵。若對個別領域的認識不深，沒有充分的知識，便不能對個別領域作出全面、深入的批判。就以 2012 年的國民教育爭議為例，我們固然可以批評特首梁振英說「撤回和不撤回之間還有很大的空間」這句話並不成立，因為政府當時只有「擱置」或「不擱置」國民教育科，兩者是「A」和「非 A」的關係，根本不存在「中間路線」；但若我們的批判到此為止，以為這樣就能對整個事件作出恰當的批評，那就很有問題。我們必須先了解事件的來龍去脈，對相關的議題有起碼的認識，才能分析、評論、贊成或反對各種有關國民教育事件的理據。

後語

某夜閒得無聊，興之所致便作了以下的《思方三字經》，簡稱《思經》。

《思經》

思方學，有四要。意為首，重釐清，善分析，曰語理。二邏輯，談推論，說必然，名演繹。三科學，求知識，有方法，號歸納。四剖析，錯思維，亂思考，乃謬誤。

語理者，四要中，乃先行；除語害，明思維，兼正心。語害者，計有三，概念轉，言辭廢，意曖昧。

演繹者，有形式，稱對確。

歸納者，乃推論，涉概然。

謬誤者，有四不，乃分類。不一致，不相干，不充分，不當設；嚴重性，依次減。若做人，此四不，復可用。

以上者，屬批判；附加者，為創意。論思考，批判先，後創意。

創意者，無定法；勉說之，有二法，為組合，及轉換。

人生者，所為何？善批判，全其理；謀創新，求發展。

□ 責任編輯：林于鈴
□ 封面設計：高林
□ 插　圖：周雅莎
□ 排　版：黎品先
□ 印　務：劉漢舉

圖解思考方法（增訂版）

□
著者
梁光耀

□
出版
非凡出版
香港北角英皇道 499 號北角工業大廈一樓 B
電話：（852）2137 2338　傳真：（852）2713 8202
電子郵件：info@chunghwabook.com.hk
網址：http://www.chunghwabook.com.hk

□
發行
香港聯合書刊物流有限公司
香港新界大埔汀麗路 36 號
中華商務印刷大廈 3 字樓
電話：（852）2150 2100　傳真：（852）2407 3062
電子郵件：info@suplogistics.com.hk

□
印刷
美雅印刷製本有限公司
香港觀塘榮業街 6 號 海濱工業大廈 4 樓 A 室

□
版次
2016 年 3 月初版
2017 年 4 月第 2 次印刷
© 2016 2017 非凡出版

□
規格
特 32 開（200 mm × 142 mm）

□
ISBN：978-988-8366-35-4